知りたいことが全部わかる！

不動産の教科書

不動産コンサルタント
池田浩一

ご利用前に必ずお読みください

本書に掲載した情報に基づいた結果に関しましては、著者および株式会社ソーテック社はいかなる場合においても責任は負わないものとします。
また、本書は2024年11月現在の情報をもとに作成しています。掲載されている情報につきましては、ご利用時には変更されている場合もありますので、あらかじめご了承ください。
以上の注意事項をご承諾いただいたうえで、本書をご利用願います。

※ 本文中で紹介している会社名、製品名は各メーカーが権利を有する商標登録または商標です。なお、本書では、Ⓒ、Ⓡ、TMマークは割愛しています。

Cover Design & Illustration...Yutaka Uetake
Cover Illustration...elenabs by iStock

● はじめに

あなたは、どのような気持ちで、この本を手にしてくれたのでしょうか。

不動産業界を目指している人、不動産業界に身を置いて数年の人であれば、「不動産の基礎からしっかりと学びたい」、あるいは「あまり時間をかけずに専門知識を学び、即実践で役立てたい」、なかには「高額な不動産を次々に取引してお金儲けをしたい」という素直な人もいるでしょう。

結論からいってしまえば、すべて大丈夫です。大切なのははじめる「動機」ではなく、実際に「行動」を起こし、確実に「成果」をあげることです。

本書の目標はひとつです。

「不動産実務、複雑な専門知識を効率的に学び、即、実践で通用する営業力を身につける」

これだけです。そして、基礎から学びたい不動産業界1年生、営業力に磨きをかけたい2年生、そして建設業、金融業など不動産と関わる業界にお勤めの人が常に傍らに置き、**どんな場面で不動産と関わるときにも、「次の一手」を打つためのヒントを導き出す「不動産の指南書」でありたいというのが、本書の目指す究極の目標**です。

今後の不動産業界を担う若者たちを応援する本書には、2つの特徴があります。

❶ 実際の不動産実務の流れに沿って段階的に専門知識を学べる

実践での活かし方がわからないまま知識を丸覚えするのではな

く、「今」本書で学んだ知識を、「次」の実践で活かすための「方法」を確実に学ぶことができます。

❷ 専門知識・専門用語は、図版、実例を多用しわかりやすく説明する

実践で必ず必要となる知識を絞り込み、図版、実例を多用し説明することで、実際に経験したことのない内容も、体系的に理解できるよう工夫しました。

本書を手にとり、実際に行動を起こしたあなたが不動産に関わり、不動産とともに生きることの新たな「喜び」と「希望」を見出す一助となれたら、筆者としてこんなにうれしいことはありません。

池　田　浩　一

CONTENTS

第1章 不動産営業の基本を学ぼう

01 宅地建物取引業者の基本業務......................................16
- 宅建業者の「売り」は総合プロデュース力

02 宅建業免許取得と保証金供託......................................18
- 宅地建物取引業（宅建）ってどんな仕事？
- 「お家の何でも屋さん」が宅建業をするための条件

03 宅地建物取引士は不動産取引の専門家......................20
- 宅地建物取引士に与えられた3つの「特権」

04 不動産流通のしくみを学ぼう......................................22
- 不動産流通のしくみを学び、確実な情報収集を

05 媒介契約には3種類ある..24
- 媒介契約は宅建業者と依頼者の信頼関係の証

06 宅建業者と報酬規定（仲介手数料）............................26
- 宅建業者の使命は報酬以上のサービス提供

第2章 不動産調査の基本［現地編］

01 「売主しか知らない事情」を聞き出そう....................30
- すべての調査は売主へのヒアリングからはじまる

02 売主に重要書類を用意してもらう..............................32
- まずは売主と協力し、重要書類を整理しよう

03 アクセスは必ず「公共交通機関」を利用しよう........34
- 公共交通機関を利用し、生活環境を体感しよう

5

04 トライアングル調査を実践しよう......................................36
- 現地調査は買主目線で見れば決定打となる新発見も

05 常備 現地調査の「三種の神器」...38
- 調査のときは三種の神器と媒介契約書を常備

06 周辺の生活施設のチェックは念入りに 40
- 自分で周辺環境、生活施設をチェックしよう

07 売却物件、成約事例地は必ず確認しよう......................42
- レインズは情報の宝庫、現地調査にフル活用

08 現地調査の確認ポイント（土地・一戸建）......................44
- 道路幅員、敷地形状（間口、奥行き）の測量
- ライフラインの確認（メーター・側溝・枡）
- 境界確認、越境確認、ブロック塀など構築物の確認
- 屋根、外壁などの確認（クラック、塗装剥れ、破損）
- 室内の確認（水周り設備・雨漏り痕・木部腐食）
- 採光、通風、臭気、騒音の確認
- 嫌悪施設の有無（火葬場・墓地・下水処理場・廃棄物処理場）

09 現地調査の確認ポイント（マンション）............................49
- 管理人さんにヒアリング調査
- セキュリティシステムの確認（オートロック・防犯カメラ）
- 掲示板・管理人や清掃スタッフの業務態度
- エントランス、駐車場、駐輪場、集合ポスト、ゴミ集積所
- エレベータ・非常階段・消防用設備
- 外壁・廊下・階段・鉄部
- 室内の確認（水回り設備、雨漏り痕、木部腐食）
- 採光・通風・臭気・騒音の確認

10 管理組合調査の重要ポイント（マンション）..........................53
- 管理費・修繕積立金
- 修繕積立金の累計額
- 管理費・修繕積立金の改定予定
- 管理費・修繕積立金の滞納額
- 管理規約と使用細則

- 駐車場使用権
- 専有部分の用途制限
- ペット飼育の制限
- フローリング規制
- 大規模修繕工事実施計画
- 大規模修繕工事実施履歴
- 石綿使用調査結果の有無
- 耐震診断結果の有無
- 管理組合の借り入れ金の有無
- 管理会社の委託形態と管理事務所の業務形態

第3章 不動産調査の基本［法務局編］

01 法務局では何を調査するのか？ 60
- 法務局の調査結果をもとに現況を正しく理解する

02 登記簿謄本の種類と構成 62
- 登記簿謄本は使用目的と調査対象に応じ使い分け

03 表題部の読み方 66
- 調査ポイントは現況把握と相違の原因究明

04 甲区欄の読み方 68
- 登記名義人が現在の所有者とはかぎらない

05 乙区欄の読み方 70
- 所有者でも不動産を自由に売却できない理由

06 共同担保目録の読み方 72
- 共同担保目録から見えない「糸」が見えてくる

07 公図、地積測量図、建物図面・各階平面図の読み方 74
- 現地調査の結果と取得図面とを徹底照合する

08 区分所有登記の基本と実務 83
- 敷地権登記では、建物の権利が土地持分にもおよぶ

第4章 不動産調査の基本 [役所編]

01 市区町村役場で何を調査するのか？ 88
- 調査結果から建築可能な建物の条件を判断する

02 市街化区域と市街化調整区域 90
- 市街化調整区域でも住宅建築は可能

03 用途地域の種類と法規制 93
- 現在の用途地域、過去の変更履歴を調査しよう

04 防火地域と準防火地域 95
- 地域区分は住民の「安全面」への配慮が重要

05 建蔽率と容積率 97
- 金融機関も注目！　建蔽率・容積率オーバー

06 建築物の「高さ」制限 99
- 建築物高さ制限の目的は環境維持と日照確保
- 高度地区
- 絶対高さ制限
- 日影規制

07 斜線制限 102
- 斜線制限とは勾配面による建築物の高さ制限
- 道路斜線制限
- 隣地斜線制限
- 北側斜線制限

08 敷地面積の最低限度 105
- 敷地面積 1m² の差が評価の明暗を分ける

09 都市計画道路の確認法 108
- 都市計画道路の恩恵は工事完成、供用開始から

10 開発許可 110
- 近隣の開発予定と調査対象地への影響を調査

11 土地区画整理事業 112
- 土地区画整理事業では、清算金の確認が最重要

12 土壌汚染対策法指定区域 114
- 危険物取扱工場、ガソリンスタンド跡は要注意

13 埋蔵文化財包蔵地 116
- 出てきたら大変！　埋蔵文化財

14 造成宅地防災区域、津波災害警戒区域、
土砂災害警戒区域 118
- 造成宅地防災区域
- 津波災害警戒区域
- 土砂災害警戒区域

15 道路の種類と接道状況 121
- 不動産の本当の価値は道路づけで決まる
- 道路とは？

16 ライフラインの調べ方 126
- ライフライン調査の目的は現況把握と改善提案
- 上水道の調査を行う
- 下水道の調査を行う
- ガス供給施設の調査を行う
- 電気供給施設の調査を行う

17 建築計画概要書と台帳記載事項証明書 130
- 書類取得の目的は建築確認申請時と現況の把握
- 建築計画概要書
- 台帳記載事項証明書

第5章 **「不動産査定」に挑戦しよう**

01 不動産の4つの「価格」を学ぼう 136
- 宅建業者の役割は「勝負できる価格」の見極め

❶ 固定資産税評価額
❷ 路線価
❸ 公示価格
❹ 実勢価格

02 不動産の3つの「評価法」を学ぼう 141
● 個別要素と個別事情を考慮した適正価格を導き出す
❶ 原価法　　❷ 取引事例比較法　　❸ 収益還元法

03 最重要確認事項ベスト3 146
● 実勢価格は個別事情による補正が決め手となる

04 「不動産査定」は宅建業者の腕の見せ所 148
● 法定耐用年数だけにとらわれない
● 成約価格だけでなく販売中の動向、販売期間に注目
● 坪単価ではなく地域全体を捉える感覚が大切
● 地域同業者への聞き込み調査の重要性

05 「面大減価」も地形と用途次第 152
● 土地の価値は「量」ではなく「質」で決まる

第6章 「資金計画」を本格的に学ぼう

01 諸費用を学ぼう 売主編 156
● 諸費用を確定し、売却理由に応じた住み替え提案を

02 諸費用を学ぼう 買主編 159
● 買主費用は資金計画と方向性から確定する

03 諸費用の支払い時期を学ぼう 164
● 必要な費用と必要な時期が当事者の1番の関心事

04 宅建業者の住宅ローンとの関わり方 166
● 融資づけで不動産業者の「力」が決まる
● 不動産業者により融資条件が違うのはなぜ？
● お客様の要望は新規開拓のチャンス

10

05 住宅ローンにこだわりローン担当者にこだわる 169
- 住宅ローンにもとことん「こだわり」を
- 融資結果はローン担当者次第である

06 金融機関の選び方 172
- 銀行はお金を貸したい！　いい人、いい家に

07 買主のイメージする「購入予算」を確認 176
- 資金計画のスタートは買主希望の購入予算から

08 「月々返済額」から「購入予算」を考える 178
- 買主の立場で「希望する購入予算」を考える

09 借入可能額から「購入予算」を考える 180
- 金融機関の立場で「実現可能な購入予算」を検討

10 金融機関の担保評価と実勢価格 184
- 金融機関は担保掛目で安全圏を確保する
- 金融機関が担保と認めない物件

11 収入合算の3つのパターンを学ぼう 188
- 夫婦共働き世帯に最適！　もちろん親子でも可能
- Ⓐ連帯保証のケース
- Ⓑ連帯債務のケース
- Ⓒペアローンのケース

12 金融機関が重視する個人信用情報とは 190
- 自己申告が鉄則！　金融機関に隠しごとは通用しない

13 住宅ローンの基礎の基礎 193
- 金利の種類（変動金利・固定金利）
- 返済方法（元利均等返済・元金均等返済）
- 毎月返済・ボーナス返済

14 一歩踏み込んだローン知識を身につけよう 196
- 繰り上げ返済（期間短縮型・返済額軽減型）
- つなぎ融資と分割融資

11

第7章　不動産取引の「実践知識」を身につけよう

01 スタートは買付証明書と売渡証明書から.............................200
- 不動産購入の第一歩は買付証明書からはじまる

02 申込証拠金を受け取る場合の注意点.............................203
- 申込証拠金は良くも悪くも使い方次第

03 既存住宅状況調査（インスペクション）.............................205
- 既存住宅状況調査の説明義務化スタート

04 重要事項説明を行う.............................209
- 重要事項説明の前提は「理解してもらう」こと

05 売買契約を締結する.............................211
- 売買契約書では特約条項に細心の注意が必要

06 手付金と手付解除の定め方.............................214
- 手付金と解除期日は偏りのない定め方が鉄則

07 違約金と違約解除の定め方.............................216
- 違約解除を考慮した手付金と解除期日の設定を

08 融資利用特約.............................218
- 融資利用特約の目的は融資非承認時の買主保護

09 共有名義物件の注意点.............................220
- 共有名義案件は「やりすぎてちょうど」の精神で

10 代理人による契約の注意点.............................222
- 代理人契約は委任状だけで安心してはいけない

11 成年後見人との契約の注意点.............................225
- 居住用不動産の処分には家庭裁判所の許可が必要

12 現状有姿を学ぼう.............................227
- 「現状有姿」は仲介業者の「逃げ道」ではない

13 担保責任（契約不適合責任）を学ぼう 229
- 契約不適合には4つの権利で対抗できる
- 買主の権利行使と期間の制限　● 契約不適合責任の免責特約は有効
- 宅建業者の役割は契約当事者の保護

14 危険負担を学ぼう 231
- あり得ないはあり得ない！　他人事ですまされない

15 クーリングオフを学ぼう 233
- 買受けの意思表示を受けた場所が最重要

16 停止条件と解除条件 235
- 契約の「有効性」は「条件」の定め方次第

17 更地渡しの盲点 237
- 「掘ってみないとわからない」は通用しない

18 内装渡しの盲点 239
- 内装済物件に勝る本物のサービスを提供しよう

19 心理的瑕疵の説明❶ 241
- 心理的瑕疵の基本は買主の立場で考えること

20 心理的瑕疵の説明❷ 243
- 心理的瑕疵は売主の立場にも配慮した対応が大切

21 任意売却の注意点 246
- 任意売却は「新たな生活への節目」である

22 相続物件売買の注意点 251
- 相続物件売買は「慣れ」が通用しない世界である

第8章　「融資実行」「登記手続き」「決済」を学ぼう

---

01 金銭消費貸借契約と決済までの準備 256
- 金銭消費貸借契約、完済依頼、決済日までは計画性が重要

02 決済当日の手続き 260

● 決済という名の舞台では関係者全員が主役

第9章 物件の引き渡しとアフターフォロー

01 お客様と一緒に不動産の総点検を行う 264

● 物件状況報告書をもとに不動産を総点検しよう

02 リフォーム提案で差をつけよう 266

● 頼れる内装業者との関係は宅建業者の能力のひとつ

第10章 不動産取引と「税金」知識

01 不動産を「買う」ときに必要となる税金 270

● 購入時の税金は買主資金計画の必須項目

02 不動産の「売却時」と「所有時」に必要となる税金 275

● 譲渡所得時の税金は所有期間によって約2倍

03 プロとしてこれだけは知っておきたい税金知識 278

● 住宅ローン控除は13年間で最大455万円控除

付録

● 「登記事項証明書」「登記簿謄本・抄本」交付請求書サンプル 284
● 「地図」「地積測量図等」の「証明書」「閲覧」請求書サンプル 285
● 住宅ローン借入申込書サンプル 286

第1章　不動産営業の基本を学ぼう

01　宅地建物取引業者の基本業務

02　宅建業免許取得と保証金供託

03　宅地建物取引士は不動産取引の専門家

04　不動産流通のしくみを学ぼう

05　媒介契約には3種類ある

06　宅建業者と報酬規定（仲介手数料）

宅地建物取引業者（Real Estate Agent）は、不動産仲介（媒介）のスペシャリストです。

この章では、宅建業者の基本業務を中心に、宅建業を行うための条件、宅地建物取引士の仕事、不動産流通のしくみを学びます。

特に依頼者と取り交わす媒介契約は、お互いの信頼関係の証です。その本来の目的を知り、契約形態による違いを完全にマスターすることで、宅建業者に求められる「本物（プロ）」としての役割を知ることができます。

[第1章] 不動産営業の基本を学ぼう

01 宅地建物取引業者の基本業務

Point

❶ 宅建業者は不動産仲介（媒介）の専門家
❷ 宅建業者はお客様と不動産との橋渡し役
❸ 宅建業者の使命は生活総合プロデュース

宅建業者の「売り」は総合プロデュース力

突然ですが、不動産業者を英語では何と呼ぶかご存知でしょうか。答えは、Real Estate Agent(リアルエステートエージェント) です。

不動産業とひと言でいっても、不動産を売ったり、買ったり、斡旋したり、管理したりと業務範囲が幅広く、内容も多岐にわたります。

その中でも、私たち「宅地建物取引業者（宅建業者）は、不動産(Real Estate) の仲介者（Agent）としての業務を行う専門家」です。大きく次のような仕事をしています。

❶ 土地や建物を所有するお客様（売主様）から売却依頼を受け、販売活動を行って買い手を見つける
❷ マンションや一戸建の購入を検討しているお客様（買主様）に希望条件にあう不動産を紹介する

宅建業者をわかりやすくいうと、次のようになります。

お客様 売主、買主
業 務 不動産を仲介・媒介する専門家

役　割 お客様と不動産との橋渡し役的存在

　これからあなたは、宅建業者として不動産業界で活躍することになるわけですが、その前に、まず覚えておいてほしいことがあります。

　それは、不動産の仲介・媒介業務とは、単に不動産を紹介することが仕事ではなく、下記に示す基本業務をマスターしたうえで、本当の意味での仲介者（Agent）としての役割を果たすことが必要とされるということです。

　そのためには、「**不動産の情報を学ぶだけでなく、法律、金融、税金など、不動産取引に必要とされる専門知識を幅広く身につけ、お客様１人ひとりの"生活"を総合的にプロデュースする力が必要**」になるのです。

宅建業者の基本業務

1. 「現地」「法務局」「役所」で不動産の調査
2. 不動産の「査定」を行い、売主様に計画案を提示、販売活動を行う
3. 買主に具体的な資金計画を提案、希望条件にあう不動産を紹介
4. 買主の希望と案件に最適な金融機関を選択し、融資を引き出す
5. 重要事項の説明後、売買契約を締結
6. 決済（融資実行、登記手続き）を行い、不動産を引き渡す
7. 不動産引き渡し後のアフターフォロー、リフォームを提案

[第1章] 不動産営業の基本を学ぼう

02 宅建業免許取得と保証金供託

Point

❶ 宅建業の必須条件その❶は宅建業免許取得
❷ 宅建業の必須条件その❷は営業保証金供託
❸ 宅建業に該当する業務は売買・交換・媒介

宅地建物取引業（宅建業）ってどんな仕事？

宅地建物取引業（宅建業）とは、具体的にどのような業務をいうのでしょうか。

一般消費者から見た不動産業者は、不動産を売る、媒介する、賃貸する、管理する、ときにはリフォームや建築工事の業者を紹介してくれる、「お家の何でも屋さん」といったイメージでしょうか。

その不動産業者を取り巻く広い守備範囲の中で、法律（宅地建物取引業法）で定められた資格者を置いて、免許を取得した業者にしかできない業務が、「宅地建物取引業（宅建業）」です。

具体的な業務内容は次のようなものです。

❶ 不動産の売買、交換、賃貸の代理または媒介を行う
❷ 自ら当事者として不動産の売買、交換を行う

「お家の何でも屋さん」が宅建業をするための条件

次に、上記のPoint❶、❷にある宅建業者が宅建業を行ううえでの2つの条件を見ていきましょう。

Point ❶ 宅建業免許取得 不動産業者が宅地建物取引業（宅建業）を行う場合、「都道府県知事免許」または「国土交通大臣免許」の取得が必要になります。

❶ 都道府県知事免許⇒１つの都道府県内に事務所を設置する場合
❷ 国土交通大臣免許⇒２つ以上の都道府県に事務所を設置する場合

Point ❷ 営業保証金供託 免許を取得した不動産業者は、営業を開始する前に「営業保証金」を供託所（法務局）に供託するか、保証協会に加入して「弁済業務保証金分担金」を納入することが必要になります。

営業保証金供託の１番の目的は、**不動産取引により損害を受けたお客様への金銭的補償**にあります。したがって、**弁済対象は一般消費者に限定**され、宅建業者が当事者として被害を受けた場合は対象外となります。

この内容は、**契約前に行われる重要事項説明において、「供託所などに関する説明」として必ず説明**しなくてはなりません。

高額取引に不安を持ち続けるお客様が最も関心を示す内容なので、まずは宅建業者自らが補償内容をしっかりと理解し、お客様を全面的にサポートできる知識を身につけておきましょう 第7章 04 参照 。

覚える！ 宅建業免許が必要となる業務とならない業務

必要 不動産の売買、賃貸、交換の代理または媒介、宅建業者自らが当事者として行う不動産の売買、交換など
不要 所有物件の賃貸、不動産管理業、不動産コンサルタント業など

[第1章] 不動産営業の基本を学ぼう

03 宅地建物取引士は 不動産取引の専門家

Point
❶ 宅地建物取引士は不動産のスペシャリスト
❷ 事業所ごとに一定数の宅地建物取引士が必要
❸ 宅地建物取引士だけができる3つの業務

宅地建物取引士に与えられた3つの「特権」

不動産業者が宅建業者として「業」を行うには、1事業所5名の従業者に対し、1名以上の宅地建物取引士の設置が義務づけられています。

不動産会社で営業マンとして働くだけなら特に資格は必要なく、努力と営業センス次第では十分な数字を上げることも可能です。営業の世界では、常に営業の「勘」を磨き続けることが何よりも重要です。

しかし、**契約の段階までくると、宅地建物取引士の資格が必要**になります。「宅地建物取引業法（宅建業法）」では、次に示す宅地建物取引士にしかできない3つの業務を定めています。ここで、宅地建物取引士と資格を持たない営業マンとでは決定的な違いが生まれます。

宅地建物取引士だけができる3つの業務は次のようなものです。

❶ 契約締結前に重要事項説明を行う
❷ 重要事項説明書に記名押印する（宅建業法35条書面）
❸ 契約書に記名押印する（宅建業法37条書面）

あなたが今後、不動産業界で本当に活躍したいと考えるなら**資格は必須**です。

それは、宅地建物取引士にしかできない業務があるからという理由だけでなく、**宅建業者としての「意識」「姿勢」に大きな変化が表れ、不動産取引の専門家としての「自信」と業務に対する「責任」を持つことができるようになるから**です。

● 宅地建物取引士証サンプル

　国土交通省の発表では、令和2年度に国土交通省、都道府県に持ち込まれた宅建業者の関与する不動産取引に関わる苦情・紛争相談件数は1,163件あり、原因別で見ると全体の38.9％が「重要事項の説明など」に関する内容です。

　不動産に関わる法律や法令も改正を繰り返し、実践ではより高度で専門的な知識が要求される時代となりました。

> **宅建業者として大切なこと**　成功するためには、今の時代に対応できる専門家としての高度な「知識」、実践で身につけた「経験」、そして1人の営業マンとしての「魅力」をお客様に売り込むことが大切

宅地建物取引士・登録の欠格事由（新規登録）

❶ 宅建業の営業に関し、成年者と同一の能力を有しない未成年者
❷ 破産者で復権を得ていない者
❸ 罰金刑に処せられ、刑の執行終了後、または執行を受けることがなくなった日から5年を経過していない者（宅建業法違反、傷害罪、暴行罪、背任罪、脅迫罪など）
❹ 禁固以上の刑に処せられ、刑の執行終了後、または執行を受けることがなくなった日から5年を経過していない者
❺ 暴力団員、暴力団員でなくなってから5年を経過していない者

[第1章] 不動産営業の基本を学ぼう

04 不動産流通のしくみを学ぼう

Point
1. 営業の基本は不動産流通のしくみを学ぶこと
2. 確実な情報収集には情報源の特定が最優先
3. レインズは「不動産情報の宝庫」である

不動産流通のしくみを学び、確実な情報収集を

不動産営業の1番の基本は、不動産流通のしくみを学ぶことにあります。不動産流通のしくみをしっかりと理解することで、あふれ返る膨大な情報の中で困惑する、お客様の不安を真に理解することができるようになります。

まず、お客様が膨大な情報の中で最初に感じることは「**なぜ、同じ物件が複数の不動産会社から公開されているのか？**」という疑問です。

次に「**どの情報を信用したらいいのかわからない**」という不安や不信感です。

インターネットや住宅情報誌などで市場に流通する不動産情報は、「**情報源となる売主 ⇒ 売主から直接依頼を受けた媒介業者 ⇒ 媒介業者から情報掲載の承諾を得た不動産会社 ⇒ 市場**」というように放出され、お客様の目に触れることになります。

お客様から「インターネットで面白い物件を見つけたけどどうだろう？」と相談を受けたら、まずは情報源となる売主や、売主から直接依頼を受けている媒介業者を特定します。そして、お客様が検討できる確実な情報であるかを確認し、お客様にご案内することが大切です。

❶ 情報源を特定し、信頼できる確実な情報であるかを確認したうえで提供する
❷ お客様が物件のどの部分に特に魅力を感じ、興味を持ったのかを確認する
❸ 宅建業者の目から見たセールスポイントとウィークポイントを指摘する
❹ お客様の希望条件を確認したうえで、比較検討できる情報を収集し提供する

そんなとき、有効に活用できるシステムが「レインズ」です。レインズ（REINS）とはReal Estate Information Network Systemの頭文字を並べた名称で、国土交通大臣から指定を受けた**不動産流通機構の会員のみが利用できる不動産情報のネットワークシステム**です。
レインズには、現在の売却情報や過去の成約情報など、宅建業者が必要とするさまざまな情報が集められていて、「不動産情報の宝庫」とも呼べるシステムです 第 2 章 07 参照 。

宅建業者のレインズ活用法

❶ 売主から依頼を受けた売物件情報を公開し販売活動を行う
❷ 買主に依頼された条件にあう売物件情報を検索、収集する
❸ 公開情報の情報源となる売主、媒介業者を特定する
❹ 過去の成約事例から相場の調査や査定用データを収集する
❺ 宅建業者の会員情報を検索する

[第1章] 不動産営業の基本を学ぼう

05 媒介契約には３種類ある

Point
① 売却依頼、物件探し依頼には、媒介契約が必要
② 媒介契約の目的は、意思決定と条件面の総整理
③ 依頼者の意向と案件に適した契約形態を選択

媒介契約は宅建業者と依頼者の信頼関係の証

宅建業者が売主から売却の依頼、買主から物件探しの依頼を受けるときに取り交わす委任契約を「媒介契約」といい、契約期間は「3カ月間」となります。

実務上、買主との媒介契約は、希望の物件が見つかって契約が確定してから取り交わすという不動産業者が多いのも事実ですが、売主の場合、物件調査や証明書の取得など、あらゆる場面で「媒介契約書」が必要となるので、まず媒介契約を結ぶようにします。

> **媒介契約の最大の目的** 価格、報酬額といった条件面をしっかりと取り決めたうえで、売主に売却の意思を固めさせ、売却後の計画を確認しあうこと

では、媒介契約の種類とそれぞれの特徴を見ていきましょう。

「専属専任媒介契約」と「専任媒介契約」の共通点は「売主が依頼する不動産業者が1社である」ということです。売主の売却理由が買い替え、任意売却、相続や離婚による財産分与など、関係者の数が多く複雑な案件の場合に最適です。また、異なる点は「自分で探した相手

方との契約の可否」となりますが、この点に関しては、**専門知識や経験のない当事者間で高額な不動産取引を行うことのリスクを十分に説明**したうえで、自分で探せる可能性や自己発見できた場合の対応などについて時間をかけて話しあい、契約形態を取り決めます。

次に「一般媒介契約」ですが、売主の中には一般媒介のほうが複数の業者に依頼でき、売却のチャンスが広がると考える人がいます。その場合、**専属専任や専任との違いや一般媒介契約のデメリットについても十分に説明**したうえで契約形態を取り決めるようにします。

❶ 専属専任媒介契約	・売主は不動産会社1社だけに売却を依頼する ・売主は自分で探した買主と契約することができない ・不動産会社は契約締結から5日以内にレインズに物件登録を行う ・不動産会社は1週間に1回以上、売主に販売活動の報告を行う
❷ 専任媒介契約	・売主は不動産会社1社だけに売却を依頼する ・売主は自分で探した買主と契約することができる ・不動産会社は契約締結から7日以内にレインズに物件登録を行う ・不動産会社は2週間に1回以上、売主に販売活動の報告を行う
❸ 一般媒介契約	・売主は複数の不動産会社に売却を依頼できる ・不動産会社のレインズへの物件登録の義務はない ・不動産会社の売主への販売活動の報告の義務はない

一般媒介契約の留意点

❶ **全依頼業者にほかの依頼先も明示し、売却の条件は必ず統一する**ことが必要

❷ 他業者の進捗状況が見えず、各業者のモチベーションが下がる傾向がある

❸ 買い替え、任意売却、財産分与など、関係者が多く複雑な案件には不向きである

［第1章］不動産営業の基本を学ぼう

06 宅建業者と報酬規定 （仲介手数料）

Point

❶ 宅建業者の1番の収入源は仲介手数料である
❷ 宅建業法では、報酬の上限額が規定されている
❸ 宅建業者の得る仲介手数料は成功報酬である

宅建業者の使命は報酬以上のサービス提供

　宅建業者は、どこからどのようにして「利益」を得ているのでしょうか。宅建業者の主な収入源をまとめると、次のようになります。

❶ 不動産の仲介（媒介）による報酬（仲介手数料）
❷ 中古物件の買取、再販売による売却益
❸ 新築一戸建、新築マンションの販売による売却益

　仲介業を主な業務とする宅建業者の場合、特に「❶不動産の仲介（媒介）による報酬（仲介手数料）」がビジネスをしていくうえでの重要な収入源となります。
　宅建業者の受領することができる仲介手数料は、宅建業法で上限額を次頁の表のとおり定められているので、この金額を超えて受領することは業法違反となります。**上限額で支払いを求める場合、あとからトラブルにならないよう、依頼者に「上限額である旨」を説明したうえで受領する**ことが大切です。
　宅地建物取引業者が受け取る報酬額は、次頁の表のように決められています。

26

● 宅地建物取引業者が受け取る報酬額

売買価格	報酬額の料率
200万円以下の金額	5%
200万円を超え400万円以下の金額	4%
400万円を超える金額	3%

成約価格が400万円を超える場合の即算式

仲介手数料 ＝ 売買価格 × 3% ＋ 6万円 ＋ 消費税（課税事業者の場合）
※公式なので決まっています

例 売買価格が4,000万円で課税事業者の場合

[仲介手数料]
（4,000万円 × 3% ＋ 6万円）× 1.1 ＝ 138万6,000円

上記の計算式のポイントは、**この仲介手数料は依頼者一方から受領できる金額**なので、自社で依頼を受けた物件に自社で買主をつけることができれば、当事者双方から仲介手数料を受領することができます。業界用語で前者を「片手」、後者を「両手」と呼びます。

上記の例の場合、片手なら138万6,000円、両手なら277万2,000円となります。

● 片手の場合

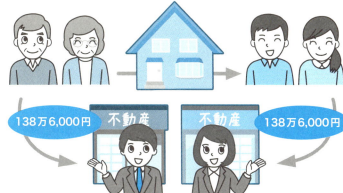

● 両手の場合

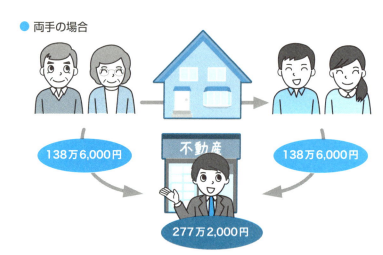

　ここまで読むと、「なんておいしい商売なんだ」と感じるかもしれませんが、現実はそんなに甘くはありません。**仲介手数料は「成功報酬」**です。どれだけ時間をかけて努力しても、成約できなければ報酬はなしです。両手ねらいで絶好の売りどきを逃してしまう業者もいますが、完全に依頼者の信頼を裏切る行為です。**宅建業者は、常に依頼者の立場に立って「最善の方法」を選択し、常に「報酬」以上の「サービス」を提供することが大切**です。宅建業者の受け取る報酬の「価値」は、お客様の「満足度」で決まるということを覚えておきましょう。

仲介手数料が必要なケースと不要なケース

ケース	仲介手数料
❶ 手付解除 第7章06参照 の場合	必要
❷ 違約解除 第7章07参照 の場合	必要
❸ 融資利用特約 第7章08参照 による解除の場合	不要
❹ 停止条件 第7章16参照 が成就しなかった場合	不要

第2章　不動産調査の基本【現地編】

01 「売主しか知らない事情」を聞き出そう

02 売主に重要書類を用意してもらう

03 アクセスは必ず「公共交通機関」を利用しよう

04 トライアングル調査を実践しよう

05 常備 現地調査の「三種の神器」

06 周辺の生活施設のチェックは念入りに

07 売却物件、成約事例地は必ず確認しよう

08 現地調査の確認ポイント（土地・一戸建）

09 現地調査の確認ポイント（マンション）

10 管理組合調査の重要ポイント（マンション）

「本物（プロ）」の宅建業者への第1歩。それは自らの足で「現地」を調査することです。

この章では、売主へのヒアリングポイントから、不動産、周辺環境など、すべての調査対象に対するチェックポイントまで、「本物（プロ）」だけが知っている「調査法」を、あますことなくすべて伝授します。

この「調査法」をマスターすれば、現状の把握だけでなく、次の時代に必要とされる不動産の「True Value（真の価値）」の見極め方を習得することができるでしょう。

[第2章] 不動産調査の基本 [現地編]

01 「売主しか知らない事情」を聞き出そう

Point
❶ 調査の中でも**売主へのヒアリング**は最優先
❷ 物件評価の決め手は**売主しか知らない事情**
❸ 不動産の歴史や現在を知り**未来を提案する**

すべての調査は売主へのヒアリングからはじまる

　不動産調査を行ううえで最も大切な業務、それは**「売主へのヒアリング」**です。第3章以降でお話しする法務局や役所での調査よりも先に、現地における調査を優先する理由は、次のことからです。

> **現地における調査を優先する理由** 法務局や役所の調査だけではわからない事情、すなわち「売主しか知らない事情」を聞き出すこと

　実際、売主からヒアリングしたことで、法務局や役所における調査内容を決定したり、ヒアリング内容によっては調査方法を大きく変更したりすることもあります。

　この売主しか知らない事情とは、**売却の動機、残債務などの財務状況**からはじまり、**建物、設備類の不具合の有無、過去の修繕やリフォーム履歴、隣接地との境界、越境に関する取り決め**に至るまで、内容はさまざまです。

　また過去の建築物の存在や地中埋設物の有無を知ることで、売却時に必要とされる対応や費用を試算することも可能となります。

　特に、**火災、浸水、自殺、他殺といった事件、事故や暴力団事務所**

の有無など、内容次第ではより慎重な対応や価格設定が必要となる"事情"も売主しか知らないことだったりするのです。

なかには、相続によって所有者が何代も変わってしまい、詳しい事情がわからないということも多く、今後の対応に不安を感じている売主も多いので、**まずは売主と協力しあい、調査を進めようとする姿勢が何より大切**です。

このように売主へのヒアリングを繰り返し行い、「売主しか知らない事情」を詳しく聞き出すことで、売主との信頼関係も深まり、**不動産の過去、歴史、現在の状況を知ることができ、売主に対して不動産の今後の未来を提案することが可能となる**のです。

売主からのヒアリングポイント

❶ 売却動機、残債務などの財務状況、今後の計画
❷ 建物、設備類の不具合の有無、過去の修繕やリフォーム履歴
❸ 隣接地との境界に関する取り決め、越境物に関する取り決めや覚書などの有無
❹ 過去の建物の基礎、浄化槽などの地中埋設物、土壌汚染の有無や軟弱地盤
❺ 火災、浸水、自殺、他殺など、事件、事故の有無、暴力団事務所の有無
❻ 騒音、悪臭、振動、電波障害、近隣トラブル、町内会の有無
❼ 嫌悪施設などの有無（火葬場、墓地、廃棄物処理場、下水処理場など）

[第2章] 不動産調査の基本 [現地編]

02 売主に重要書類を用意してもらう

Point
❶ 売主自身に重要書類を整理し用意してもらう
❷ 現状の把握とともに購入時の詳細も整理する
❸ 買主に引き継ぐべき重要ポイントを整理する

まずは売主と協力し、重要書類を整理しよう

　売主立会いのもと、現地調査を行うときには、権利証、登記簿謄本、筆界確認書など、できるだけ多くの書類を準備してもらうようにしましょう。

　手元に多くの書類があると、現地調査を終えたあと、法務局や役所での調査を進める際にも非常に役立ちます。特に、**売主が物件を購入したときの「重要事項説明書」「売買契約書」「間取図面」などがあれば、より正確に調査が進められ、購入時の詳細も整理することができます。**また、「売買契約書」「領収証」などを整理し、購入時の取得費を正確に把握することで、譲渡所得など、売主の資金計画をより的確にアドバイスすることが可能となります。

> **売主に重要書類を整理してもらう1番の目的** 売主自身も曖昧になっている内容を整理し、買主に引き継ぐべき重要ポイントを確認すること

　人の記憶は曖昧なものです。自分自身で購入した物件でも年月が経つと記憶が曖昧になってしまうのに、相続により両親から受け継いだ物件となると何ひとつはっきりとわかっていなかったりします。

よくあるケースでは、当然**手元にあると思い込んでいた権利証が見あたらない**とか、あとから**「隣接地との境界に関する覚書」**が出てきたなんてこともあります。

　権利証がどうしても見つからない場合、登記申請時に「本人確認情報」を司法書士に作成してもらうことが必要であり、その場合、別途費用が必要になること、「隣接地との境界に関する覚書」があれば、約定する内容を所有権移転時に買主に承継（しょうけい）しなくてはいけないなど、事前にアドバイスすることが必要になります。

　また、「過去の修繕履歴」や「既存住宅状況調査（インスペクション）の実施記録」などがあれば、第5章で説明する不動産評価や金融機関への物件状況の説明にも有利に働きます。

> **宅建業者として大切なこと**　売主に、「重要書類を整理して用意してもらう」目的を正確に説明し、調査後の方向性をお互いに確認しあうこと

覚える！ 売主に用意してもらう重要書類

❶ 権利証、登記識別情報
❷ 登記簿謄本、公図、地積測量図、建物図面
❸ 筆界確認書
❹ 隣地との覚書
❺ 固定資産税納付書
❻ 購入時資料（重要事項説明書、売買契約書、間取図面など）
❼ 過去の修繕履歴、既存住宅状況調査（インスペクション）実施記録

33

[第2章] 不動産調査の基本 [現地編]

03 アクセスは必ず「公共交通機関」を利用しよう

Point

1. 目的地への移動は必ず公共交通機関を利用する
2. お客様の勤務先や都心からのアクセスを確認
3. 女性や子どもの目線で最寄駅から歩いてみよう

公共交通機関を利用し、生活環境を体感しよう

現地調査のポイントとして、**目的地へのアクセスには、必ず電車やバスといった公共交通機関を利用する**ようにしましょう。

不動産業者の悪い習慣ですが、お客様を案内するときに、自動車をあたりまえのように利用します。そのため物件調査などの日常業務でも、車を利用する営業マンが非常に多くいます。

何事も買主目線で考える 周辺環境だけでなく、勤務先や生活施設の集中する都心からのアクセスは、不動産を選択するうえでの重要ポイントになる

たとえば、**最寄駅は急行や快速、特別快速（新快速）の停車駅であるとか、地下鉄への連絡が1本で可能かどうか**、これは、お客様が希望エリアを絞り込む際、最も重要視する内容です。

なかには、バス利用の郊外型開発地で、日中の運行は1時間に1本しか来ないとかいう場所もあります。特に高齢者や小さい子どものいる家庭にとっては重要な情報です。

また、女性や子どもの目線で考える場合、最寄駅からの道筋が非常

に重要です。日中は気にならなくても夜間は外灯が少なく死角が多いとか、商店街の裏通りには若者がたむろし、建物の壁面にはたくさんの落書きがあったりしたら、大きなマイナスポイントになります。

　不動産の営業マンが、このような事情をお客様から指摘されるまで知らなかったということでは、営業は務まりません。

　マイナスポイントをお客様に提示したうえで、それに代わるプラスポイントを提案できるくらいでなければ、プロの営業マンにはなれません。

　たとえば、「裏通りは暗く道幅も狭いですが、表通りからアクセスすれば問題ありません。5分余計にはかかりますが、途中に素敵なイタリアンのお店があります」といった感じです。**お客様は物件探しのために、曜日を替え、時間帯を替え、何度も現地に足を運んでいる**のです。

　われわれ営業マンが、不動産を勧める立場でありながら、会社と目的地の最短距離を涼しい車で移動しているようでは、常に真剣なお客様には太刀打ちできるわけがありません。

宅建業者として大切なこと 本当にお客様に満足してもらえる物件を提案したいと考えているのなら、自動車だけでなく、公共交通機関も利用し、自らの足で土地勘を養うよう努める

アクセスのチェックポイント

❶ 公共交通機関によるターミナル駅からのアクセスやほかの沿線との乗り換え、乗り入れなどを確認

❷ 最寄駅からのバスの乗車時間、バス停からの距離、運行時刻表を確認

❸ 最寄駅からの道筋を確認（夜間の雰囲気、外灯の有無など）

❹ 最寄駅から、表通り、裏通りを利用して周辺環境を確認

❺ 女性、子どもの目線で生活施設、幼稚園、小中学校への道筋を確認

［第 2 章］不動産調査の基本［現地編］

04 トライアングル調査を実践しよう

Point

❶ 物件調査は条件を変えると新たな発見がある
❷ 常にお客様目線で実際の生活をイメージする
❸ 視点を変えるとプラスポイントも発見できる

現地調査は買主目線で見れば決定打となる新発見も

トライアングル調査 宅建業者が買主の目線で物件調査を行ううえで絶対に必要となるのが、「❶曜日」「❷天候」「❸時間帯」といった条件を変えて調査する「トライアングル調査」

　トライアングル調査という言葉は、私がわかりやすくつけた呼び名です。
　物件を購入した買主は、24 時間 365 日、購入した不動産を生活の場として使用するわけですから、天気のいい日中に 1、2 度だけ現地確認をしたということでは、あまりに危険です。実際、同じ部屋でも季節によって日あたりはまったく違いますし、閑静な住宅街でも夜には外灯が少なく死角が多かったりと、現地を訪れるタイミングによっては、それまで気づかなかった問題点に気づくことが多いのです。
　長い営業経験から私が教訓にしている考えは、「**現地確認はやりすぎでちょうどいい**」です。足を運べば運ぶほど新たな発見があります。ときには「ヒヤリ」とするような問題点に気づくこともあります。当然、問題点やマイナスポイントばかりでなく、**条件を変えて現地確認する**

ことによって、**新たなプラスポイントを発見できる**場合もあります。

> **物件の購入を検討しているお客様** 「自らの生活をイメージしながら何度も何度も現地や周辺環境を確認している」ということを常に忘れない

売主へのヒアリングの重要性は先ほどお話ししましたが、売主の立場としては、売却に不利になると思える事情は積極的には話したくないのは当然のことです。

宅建業者としても、**条件を変え何度も現地に足を運ぶことにより、売主が話しにくいと感じる事情も話しやすく感じるような尋ね方ができるようになる**ものです。

条件を変えるとこんなことに気がつく

❶ 閑静な住宅街だと感じていたが、夜は外灯がほとんどなく通り道に死角が多い

❷ 同じ部屋、同じ時間帯なのに、冬場はほとんど日があたらない

❸ 家の前が地域のゴミ集積場で、ゴミ当番が地域内で輪番制だった

❹ 家の前が保育園児のスクールバスの停留所だった

❺ コンビニが近く便利だと思っていたが、深夜は若者の溜まり場だった

❻ 夜になると隣の家の子どもがピアノの練習をはじめる

❼ 日中はホワイトカラーの多いビジネス街が、夜には客引きが溢れる風俗街に

❽ 周辺に深夜営業の店が多く、深夜まで騒ぎ声やカラオケがうるさくて眠れない

❾ 低地に位置するため、雨が降るとしばらくは地面が乾かない

❿ 豪雨のときは高地から雨水が流れ込んで下水道が氾濫し、雨の日の翌日は悪臭が続く

[第2章] 不動産調査の基本 [現地編]

05 常備 現地調査の「三種の神器」

Point
1. 現地調査には目的別に調査グッズを準備する
2. 現地調査の三種の神器は常に携帯しよう
3. 訪問目的は見学ではなく調査である

調査のときは三種の神器と媒介契約書を常備

宅建業者が現地調査を行うときは、調査目的に応じ必ず用意する調査グッズがあります。

その中でも、調査対象に関係なく共通して必ず必要となるものが次の3つで、いうなれば、**現地調査の「三種の神器」**と呼べるアイテムです。役所における調査で必要となる「媒介契約書」とともに、**常に携帯する**ようにしましょう。

現地調査の三種の神器　❶住宅地図　❷デジカメ　❸メジャー

❶住宅地図は、**対象地と周辺施設との位置関係を確認**したり、**最寄りの交通機関へのアクセスルートを確認**したりします。また現地調査だけでなく、「法務局で地番を調べる際のブルーマップとの照合」「役所で法令上の制限や道路調査をする際に使用」します。

❷デジカメは、**建物内外の状態、境界標、周辺環境の撮影に使用**します。

特に修繕個所や不具合個所があれば、契約時に取り交す「**物件状況報告書**」の添付書類用に撮影しておきます。

❸ メジャー は道路幅員、間口、奥行きの測量のほか、建物の傾きを確認するための天井高の測量に使用します。マンションや奥行きが測量し難い土地の場合は、「**レーザー距離測定器**」を準備すると便利です。

特に法務局で**地積測量図**や**建物図面**が取得できない物件の場合、現地測量が非常に重要なデータとなるため、計り間違いのないよう繰り返し測量します。

ここで再認識しておきたいのは、**現地訪問の目的は、あくまでも「調査」であって「見学」ではない**ということです。より専門的な調査が必要な段階では、「**土地家屋調査士**」「**建築士**」といった専門家に依頼するわけですが、**依頼者の意向を確認し具体的に方向性を決めるまでの段階では、私たち宅建業者が可能なかぎりの調査を行う**ことが必要です。

目的別 調査グッズ

常備	❶ 住宅地図	現地調査、周辺調査のほか、法務局、役所の調査にも必要	
	❷ デジカメ	建物外観、室内、設備類のほか、境界標の撮影に使用	
	❸ メジャー	道路幅員、間口、奥行きのほか、天井高の計測に使用。マンションの場合、レーザー距離測定器が便利	
あると便利なもの	❹ 方位磁石	接道方向、各室の主要採光部の方位を確認するのに使用	
	❺ 懐中電灯	点検口からの床下、屋根裏調査に使用。ペンライトでも可	
	❻ 水平器	建物や建具の歪みの計測に使用。ビー玉を転がすより正確	
	❼ クラックスケール	建物基礎、外壁などのクラック幅の計測に使用 ※ ホームセンターで数百円で購入できる	
	❽ 双眼鏡	屋根や距離のある外壁面の確認に使用	
	❾ スコップ	境界標が見つからないときに土の掘り起こしに使用	
	❿ 調査シート	現地調査や売主からのヒアリング内容を記入する用紙。調査対象に応じ使用しやすいオリジナル書式を作成する	

［第2章］不動産調査の基本［現地編］

06 周辺の生活施設のチェックは念入りに

Point

❶ 現地調査では周辺環境、生活施設をチェック
❷ 調査対象には将来予定されている施設も含む
❸ 施設の内容、所要時間、営業時間も確認する

自分で周辺環境、生活施設をチェックしよう

現地調査の際、お客様が売買しようとしている目的の不動産とともに、**周辺環境、生活施設などをチェックすることも大切**です。なぜなら生活環境や利便性は、不動産評価に大きく影響する内容であり、販売活動を行ううえでの重要ポイントになるからです。

調査対象は、現在・過去・未来を網羅する 調査対象は、すでに存在しているものだけではなく、将来予定されているものもすべて対象となる

たとえば、計画が決まっている鉄道の駅、新築マンション、大型商業施設の開発予定など、将来的な地価に影響を与えそうなものはすべて調査の対象と考えましょう。

調査する項目 ●施設の内容 ●目的の不動産からの距離 ●商業施設であれば営業時間 ●今後の施設の建築、開発予定 etc.

建築予定や開発予定地の場合、**現地の「建築計画のお知らせの標識」**

40

や第4章で詳しくお話しする、役所で「建築計画概要書」「開発登録簿」「土地利用計画図」などを参照することで、建築物の概要を調査することができます。**目的の不動産からの距離に関しては、道のり（道路距離）での最短距離を明示するのが一般的**です。**最寄駅から目的の不動産までの距離は、同じ方法で80mを1分（小数点以下は切り上げ）で換算して表記**します。

● 建築計画のお知らせの標識

建築計画のお知らせ				
建築物の名称				
建築敷地の地名地番				
建築物の概要	用　　途		敷地面積	
	建築面積		延べ面積	
	構　　造		基礎工法	
	階　　数	地上　階／地上　階	高　さ	
着工予定		年　月　日	完了予定	年　月　日
建築主	(住所)(氏名)		電話番号　（　　）	
設計者	(住所)(氏名)		電話番号　（　　）	
施工者	(住所)(氏名)		電話番号　（　　）	
標準設置年月日		年　　月　　日		

・この標識は、○○中高層建築物の建築に係る紛争の予防と調整および開発事業の周知に関する条例第○条第○項の規定により、設置したものです。
・上記建築計画についての説明の申し出は下記へご連絡ください。
（連絡先）　　　　　　　　　　　　　電話番号　（　　）

　なお、周辺環境や生活施設を調査する際は、**第2章08** でお話しする**嫌悪施設に関しても必ず確認する**ようにしましょう。嫌悪施設の内容や目的の不動産との位置関係は、生活施設同様に不動産評価や販売活動に大きく影響を与える内容となります。現地確認のポイントとして、調査地周辺に大きな空地や古家がある場合は、将来的な開発予定などあらゆる可能性を想定して調査を徹底するようにしましょう。

調査する生活施設例

❶ 最寄駅、バス停、タクシー乗り場
❷ 学校（保育園・幼稚園・小学校・中学校・高校・大学・専門学校）
❸ 病院、クリニック、介護施設
❹ 銀行、郵便局、ATM
❺ 市区町村役場、市民センター
❻ コンビニエンスストア、スーパー、ディスカウントストア、百貨店
❼ ファーストフード店、飲食店、美容室
❽ 学習塾、スポーツクラブ、カルチャースクール
❾ 公園、遊園地、図書館、博物館
❿ 将来の開発予定地（新駅、新築マンション、大型商業施設、学校、道路）

[第2章] 不動産調査の基本 [現地編]

売却物件、成約事例地は必ず確認しよう

Point
1. レインズで売物件、成約情報を事前チェック
2. 実際に売物件や成約事例地を現地で確認する
3. 業者の生の声から地域の相場勘を身につける

レインズは情報の宝庫、現地調査にフル活用

現地調査の際は、調査地周辺の売却物件や過去の成約事例地を必ず見ておくようにしましょう。

この調査には、レインズのデータを目一杯、活用してください。レインズの情報であれば現在売却中の物件だけでなく、成約事例地の媒介業者も特定できます。

現在の問いあわせや内覧状況はどうか、成約事例地であれば、依頼者の売却理由や販売開始から成約までにどれくらいの時間がかかったかなど、実際に現地を見て同業者の「生の声」を聞くことで、媒介業者でなければわからない事情を知ることができ、地域的な相場勘を養うことができます。

第5章でも詳しくお話ししますが、「取引事例比較法」を利用して物件評価を行う場合も、キーポイントは比較検討する取引事例地の選択にあります。選択する事例地によって査定地の評価が大きく変わってしまうため、数あるデータの中からいかにして最適な取引事例地を見極めるかがポイントです。

宅建業者にとって大切なこと 宅建業者に求められるのは、レインズなど机上のデータを活きた情報として活用する力。そのための最も効果的な方法が、現地確認と同業者への聞き込み調査となる

依頼者は、売却を検討しはじめたころから近隣の不動産情報に関心を持ってインターネットや広告などを見ている場合が多く、実際に不動産業者に査定を依頼する段階では、かなりの情報を集めているものです。

ですから実際に足を運んで、同業者への聞き込み調査を繰り返し集めた情報に対しては、間違いなく依頼者の関心が高まります。**宅建業者としても、現地確認や同業者への聞き込み調査の重要性を十分に理解することで、依頼者に対し、より説得力のある説明を行うことが可能となる**のです。

近畿レインズ（www.kinkireins.or.jp/）
西日本レインズ（www.nishinihon-reins.or.jp/）
中部レインズ（www.chubu-reins.or.jp/）
REINS TOWER・全国版（www.reins.or.jp/） ※ 一般向け

同業者へのヒアリングポイント

① 建物の状態、リフォームの有無、売主の売却理由
② 問いあわせや案内依頼の件数など、販売開始からの動向
③ 販売開始から成約までの期間、成約までの引きあい状況
④ 販売時点での競合物件の有無
⑤ 引きあいのある客層、所得層（一次取得者層、買い替え層など）

[第2章] 不動産調査の基本 [現地編]

08 現地調査の確認ポイント（土地・一戸建）

Point
1. 敷地の形状、接道状況は現地で90％わかる
2. ライフライン調査は現地調査で90％わかる
3. 境界、越境の調査は現地調査で90％わかる

道路幅員、敷地形状（間口、奥行き）の測量

　前面道路の幅員を側溝幅とあわせて測量します。役所で調査する認定幅員は、最大、最小幅員で示されている場合があるので、**実際に調査地の接する道路部分の幅員を測量します**。敷地の形状は間口と奥行

きを測量します。地形によって奥行きが測量しにくい場合は、レーザー距離測定器を使います。また、法地や法面や擁壁がある場合、その高さと大きさを測量します。原則、**高さ2mを超える擁壁や階段は建築確認申請が必要**となります。

ライフラインの確認（メーター・側溝・枡）

　上水道に関しては、量水器の位置と水道メーターに記載された引込管の口径を確認します。口径には13mm、20mm、25mmの3種類があります。第4章でも詳しくお話ししますが、**古い建物で13mm管**

を使用しているような場合、将来的には20mmか25mmの大きい管への交換を検討すべきです。

下水道に関しては、道路側の**マンホール、敷地内の最終枡の有無と位置を確認します。このマンホールや枡が見あたらない場合、浄化槽を使用している可能性**があります。売主には過去に使用していた時期がないかも確認します。

ガスに関しては、敷地内にプロパンガスのボンベがないかを確認します。最近は都市部の都市ガスの供給エリア内でも**プロパンガスを利用している家庭があるので、見落としがないよう確認**します。プロパンガスの場合、利用期間など契約内容を詳しく確認します。

電気に関しては、**電柱の位置とブレーカーから、容量、配線経路の確認**をします。特に**電柱が敷地内にある場合、電力会社と電柱移設の相談をする必要がありますが、所有者が電柱設置を承諾し土地使用料を受け取っている可能性もある**ため、まずは売主に事情を確認したうえで電力会社に問いあわせをしましょう。

次にブレーカーによる契約容量とエ

量水器の位置と水道メーターに記載された引込管の口径を確認

浄化槽の確認

プロパンガス・利用期間の確認

電柱の位置とブレーカーから容量、配線経路の確認

アコンなどを分別した配線経路になっているかを確認します。**古い建物の場合、容量が小さくかつ配線も共通になっていることが多く、気づかずに購入すると、容量の変更や配線経路の変更が必要になる**場合があります。

境界確認、越境確認、ブロック塀など構築物の確認

　隣地、道路との境界標、杭の確認をします。境界標や杭は土に埋もれていたり、門塀などの外溝工事のときになくなってしまっているケースがあります。また、ブロック塀に塗られた赤線は、汚れなどで見落としがちなので注意が必要です。**境界標や杭がなく境界が不明の場合、まずは売主が認識している境界を確認したうえで、土地家屋調査士による測量を提案する**ことになります。

　次に**隣地、道路との越境を確認**します。一般的に越境というと、ブロック塀、出窓、換気用ダクト、エアコン室外機といった自分の目線での確認になりがちですが、見落としがちなのが、屋根、庇、雨樋や上空の電線などの越境です。あわせて、**隣地とのブロック塀フェンスといった構築物の所有者が誰であるかを売主に確認**します。中古で購入した人や相続の場合、認識が曖昧な場合が多く、後日大きなトラブルとなる危険性があります。**売主の確認だけでなく、隣地住民へのヒアリングも徹底**しましょう。

屋根、外壁などの確認（クラック、塗装剥がれ、破損）

　屋根や外壁にクラック、塗装剥がれ、破損個所などはないか確認します。

　外壁など、特にコンクリート部のクラックに関しては、クラックスケールを使って確認します。幅が0.3mm未満のものであれば、コンクリートの乾燥収縮によるもので特に問題はありませんが、**幅が0.5mmを超えるようであれば、専門家に点検してもらう**必要があり

46

ます。また、**建物のコンクリートの基礎が1m以上あるようなら、浸水の危険性の高い地域**かもしれません。役所で水害ハザードマップを取得し確認しましょう。

室内の確認（水周り設備・雨漏り痕・木部腐食）

水回り設備の状態、床下、屋根裏の点検口や押入れ、**クローゼットなどの天井部に雨漏り痕や木部腐食がないか確認**します。特に雨漏り痕に関しては、進行中のものかどうかの見極めが必要となります。過去の既存住宅状況調査（インスペクション）実施記録があれば、診断結果を確認します。

次に**水平器を使って建物の傾きを確認します。水平器で傾きが確認された場合、天井高を数個所で測量、どの方向にどれだけ傾いているのかを確認**します。建物の傾きは、窓、扉など、建具類の開閉にも症状が表れてくるので、あわせて確認します。

採光、通風、臭気、騒音の確認

室内の主要採光部からの日あたり、通風の確認を行います。

日あたりに関しては、季節、時間帯によっても大きく異なるので、実際に生活している売主のヒアリングは重要です。

臭気に関しては、建物外からの臭いだけでなく、水周り設備の排水口の臭いを確認します。排水口から鼻をつくような臭いがする場合、排水管の汚れや詰まりが考えられます。このような場合、売主に排水管洗浄作業を提案します。

騒音に関しては、実際に生活をする建物内でしっかりと確認しておきましょう。特に交通量の多い道路や電車の沿線沿いの物件は注意が必要です。**日中だけでなく、深夜や休日の様子も売主に確認**するようにしましょう。

嫌悪施設の有無（火葬場・墓地・下水処理場・廃棄物処理場）

嫌悪施設の存在は、物件評価に直接影響を与える重要項目です。嫌悪施設には「**目で見て確認できるもの**」もあれば、臭気や騒音といった「**目で見て確認しにくいもの**」もあります。売主は売却に不利になる事情を話したがらないものですが、宅建業者として経験を積めば、リスクを想定することは可能です。

たとえば、電磁波の影響や電波障害など、実際に生活していないとわからない内容も、近隣やマンション屋上に設置された携帯基地局や上空を走る高圧線の存在によりリスクを想定することができます。特に高圧線の場合、架線下ではさまざまな建築規制がかかり、**17万ボルト以上の場合、架線下はもちろん、最も外側の架線の真下から水平距離で3m以内の範囲では、原則、建築不可となります。**

覚える！ 修繕履歴のチェックポイント

❶ 屋根の塗装工事は実施しているか： 目安 約10年から15年
❷ 屋根の葺き替え工事は実施しているか： 目安 約30年から35年
❸ 外壁の塗装工事は実施しているか： 目安 約10年から15年
❹ 外壁の張り替え工事は実施しているか： 目安 約30年から35年
❺ 外壁の目地シーリングの打ち替えは実施しているか
　　　　　　　　　　　　　　　　　： 目安 約10年
❻ 配管交換工事は実施しているか： 目安 約30年から35年

[第2章] 不動産調査の基本 [現地編]

現地調査の確認ポイント（マンション）

Point

❶ **管理人**はマンションの「駆け込み寺」である
❷ **セキュリティシステム**は住民目線で確認する
❸ **掲示板**はマンションの現状を示す情報の宝庫
❹ **共用部分**は管理の「質」を表す「顔」である
❹ 「**安全面**」に予算がかけられているかを確認
❻ **大規模修繕工事の実施状況**を共用部分で確認
❼ **マンションの雨漏り被害**は一戸建以上に深刻

管理人さんにヒアリング調査

　私が長年、不動産営業を続けていて本当に大切だと思うことは、**日頃から管理人とコミュニケーションを取っておく**ということです。**マンション内で抱えている問題や住民間のトラブルなど、管理会社の担当では詳細まで認識していないことを、よく知っているのは管理人**であり、日常的に管理会社と管理組合との連絡事項の取り次ぎを行っているのも管理人です。また、お客様がマンションを購入することになれば、最初にお世話になるのも、やはり管理人なのです。

　たとえば、**管理人はマンションの「駆け込み寺」的な存在**であり、住民からの相談の窓口になっている場合が非常に多いのです。実際、精神的なストレスからか管理人が短期間で何人も変わるというマンションもあり、そのようなマンションでは、表面的にはわからない問題が隠れている場合があります。

　管理会社からの「重要事項調査報告書」では読み取れない事情、特

に買主の立場で最も気になる内容は、管理人に相談するのが1番であり、実際に生活をしていない私たち宅建業者がマンションの管理の「質」を把握するためにも、管理人から得られる情報は本当に貴重なのです。

セキュリティシステムの確認（オートロック・防犯カメラ）

マンションを訪問したお客様が、最初に注目するのが「セキュリティシステム」です。特に敷地の広いマンションの場合、駐輪場、ゴミ集積所など、共用部に死角が多く、必要な個所に防犯カメラが設置されていないようでは防犯面で不安が残ります。実際、日中は静かで落ち着いた環境に思えても、深夜になると若者たちが敷地内でたむろし、通報を受けた警備会社や警察がひと晩に何度も出動するといったマンションも珍しくありません。私たち宅建業者も、**実際に自分が住むことになれば「安心して家族と生活できる環境であるか」という目線でセキュリティシステムを確認**することが大切です。

掲示板・管理人や清掃スタッフの業務態度

私がマンションを訪問する際、最初に注意深く確認しているのが、「1階にある掲示板」です。**掲示板には、夜間の騒音、ペット飼育に関する苦情や予定されている改修工事の概要といった、マンションの現状を知るための情報がたくさん掲示されています。**マンションによっては、規約や細則変更に関わる議案書や議事録などが掲示されている場合もあり、情報の宝庫とも呼べるものです。

管理人や清掃スタッフの業務態度を観察するのも大切です。実際、管理人や清掃スタッフの業務の質の低下から、管理会社の変更へとつながるケースも少なくありません。**管理人や清掃スタッフの業務態度は、管理組合と管理会社との関係を表している**といっても過言ではありません。

50

エントランス、駐車場、駐輪場、集合ポスト、ゴミ集積所

現在の管理状態を知るのであれば、1番に「共用部分」の状態を確認することです。特に集合ポストやゴミ集積所の周辺の清掃が行き届いていないで、駐輪場が乱れ、放置自転車が目立つようでは管理上大いに問題があります。

共用部分は、管理の「質」を表すマンションの「顔」なのです。

エレベータ・非常階段・消防用設備

エレベータ、非常階段、消防用設備などは、「安全面」を確認します。

エレベータは、定期メンテナンスや交換工事に非常に高額な費用が必要となる設備です。また、消防用設備は、6カ月ごとの機器点検、1年ごとの総合点検が義務づけられた設備です。**錆びついた非常ベルや期限切れの消火器が放置されているような場合、安全面に十分な予算が充てられていない**可能性があります。

特に**自主管理のマンションの場合は、注意して確認**しましょう。

外壁・廊下・階段・鉄部

外壁、廊下、階段、鉄部は、「大規模修繕工事」が計画的に実施されているかを確認します。外壁にクラック、塗装剥がれ、破損などが目立ち、劣化状態が著しいにもかかわらず、大規模修繕工事の予定がなく、新築時の長期修繕計画とのズレが大きいようであれば、組合運営が円滑に進められていない可能性が高いといえます。**管理会社からの「重要事項調査報告書」や「修繕履歴」をもとに、慎重な判断が必要**となります。

室内の確認（水回り設備、雨漏り痕、木部腐食）

　一戸建の場合同様、水回り設備、給排水設備を中心とした設備類の状態、改修履歴を正確に把握します。特にマンションだからといって、雨漏り、木部の腐食被害がないと安易に思い込むのは、あまりに危険です。マンションの場合、被害が確認されれば、一戸建以上に深刻な問題になります。

採光・通風・臭気・騒音の確認

　季節や時間帯による日あたりや風通し、水回り設備（排水口）の臭気や上下階からの騒音など、専有部分における「生活面」での状態を買主目線で確認しましょう。実際に生活がはじまると、個人の意向では変更することのできない内容です。ここでは、販売するうえでのセールスポイントとウィークポイントの双方を客観的に判断することが大切です。

覚える！　管理人への確認ポイント

❶ マンション内で問題になっていること（ペット、民泊、電波障害）
❷ 住民間トラブル（騒音、臭気、ペット）
❸ 事件、事故（自殺、他殺、盗難、火災、漏水）
❹ 暴力団事務所の存在、暴力団員の出入り
❺ 目的物件の周辺住民の内容（高齢者、幼児、ペット飼育者）
❻ 駐車場、駐輪場の空き状況、空き待ち状況、使用制限、使用条件
❼ 自治会、町内会、子ども会の活動、費用負担
❽ ゴミ集積所の使用方法、ゴミの分別方法
❾ 宅配ボックスの使用方法、荷物の預り、電話、インターネット環境
❿ 入居手続き、内装工事届出

[第 2 章] 不動産調査の基本 [現地編]

10 管理組合調査の重要ポイント（マンション）

Point

❶ 重要事項調査報告書は管理組合調査の基本軸
❷ 大規模修繕工事実施計画は組合運営の基本軸
❸ マンションの未来像は組合運営の質で決まる

　管理組合調査に関しては、管理会社から発行される「重要事項調査報告書」や「修繕履歴」「長期修繕計画書」などの資料をもとに調査を進めていきます。

管理費・修繕積立金

管理費 マンション共用部分の維持、管理のために必要となる費用
修繕積立金 将来的な大規模修繕工事のための積立金

　住宅ローンの支払額同様、買主の意識は月額負担額にばかり偏りがちですが、大切なのはバランスと妥当な金額設定かという点です。マンション新築時には、販売しやすくするために修繕積立金を低く抑えており、4、5年目で一気に値上げされたり、立体駐車場の使用料が将来的な修繕費を考慮していないで、すべて管理費に充当されていたりする場合もあります。通常、管理人の人件費や清掃費用は管理費に含まれますが、**管理費が安くても管理の質に問題があるようでは困ります。**

　周辺地域の同規模、同程度のマンションと比較し、特に管理費に偏

53

りすぎていないか、**修繕積立金が低すぎないか比較検討**しましょう。

修繕積立金の累計額

　修繕積立金の累計額とは、大規模修繕工事のために管理組合全体で貯えているお金です。重要なポイントは、**総額の大きさではなく、今後予定されている大規模修繕工事のために金融機関からの借り入れを起こさず、実施できるだけの蓄えがあるかどうか**という点です。したがって、同じ累計額でも工事実施後の数字なのか、予定されている工事予算と比較してどうなのかという点を、長期修繕計画書や過去の実施履歴をもとに見極める必要があります。

管理費・修繕積立金の改定予定

　管理費や修繕積立金の改定予定の有無に関しては、「重要事項調査報告書」に記載されていますが、これまで総会の場で議案として審議されたことがあるかどうかも知っておきたいところです。**売主に過去1、2年分の総会議事録を用意してもらい、確認しておけば間違いない**でしょう。

管理費・修繕積立金の滞納額

　まず**管理費、修繕積立金の滞納額は、区分所有者の変更とともに新たな組合員に承継される**ということを認識しておきましょう。

---

❶　**取引物件（専有部分）の滞納額の有無**
　　⇒ 滞納があれば新組合員（買主）に支払義務が承継される
❷　**マンション全体の滞納額と滞納内訳**
　　⇒ 長期滞納者の存在など、管理組合の抱える問題を知ることができる

管理規約と使用細則

　「管理規約」や「使用細則」は、マンション生活における大切なルールブックです。歴史ある古いマンションでは、総会で随時、改定されているため、物件調査や重要事項説明には、**必ず最新版を入手**して対応しましょう。特に、使用細則には、駐車場使用細則、ペット飼育細則など、生活を送るうえでの「便利帳」的な機能があり、**専有部分を賃貸で人に貸す場合にも必要となる重要な情報が満載**です。

駐車場使用権

　駐車場使用権は、売主が駐車場を契約中であっても、区分所有者変更により権利が買主に承継されません。これは、専有部分の所有権移転とともに、専用使用権も移転する「駐車場権利付マンション」の場合とは異なるので、その違いをしっかりと確認しておきましょう。

　最もお客様の誤解が多い内容のひとつであり、意気投合したお客様同士が「私の契約中の駐車場を使えば間違いないよ」などと直接やり取りしてしまっているケースを見かけますが、**宅建業者として誤解のないようしっかりと説明しておく必要**があります。

専有部分の用途制限

　居住用、事業用といった専有部分の用途制限は、一見あたりまえの定めのようですが、意外と盲点です。さすがに居住用マンションで店舗を営業しようと考える人は少ないと思いますが、**住居兼事務所で利用しようと考える人は結構いる**ものです。**規約の定めと買主の意向を十分に確認**しましょう。

ペット飼育の制限

　「管理規約」「使用細則」で、飼育可能なペットの種類、頭数など、詳

細を確認するのはもちろんのこと、特に注意しておくべきところは、「飼育の条件」です。

飼育の条件として、上下左右の隣接住戸の同意を得ることを挙げているマンションもあります。また、過去に管理組合でペット飼育者のマナーが問題となり、規約改定が繰り返し総会議案に挙がっているようなケースは注意が必要です。

「ペット可マンション」だからと安易に判断するのは危険です。必ず規約上の定めや過去の議事録を確認しましょう。

フローリング規制

管理規約による改装工事の規制で最も多いのが、「フローリングの規制」です。

階下への音の問題を考慮して、一定の遮音基準を挙げている場合はいいですが、**マンションによってはフローリング工事自体を禁止している物件もあります。**

必ず買主の改装予定と規約上の定めを確認しておきましょう。

大規模修繕工事実施計画

現在予定されている大規模修繕工事の実施予定を確認します。この場合、**時期的に長期修繕計画との大幅なズレが生じていないか、実施計画による積立金の改定予定はないかを確認**しておきましょう。

大規模修繕工事実施履歴

中古マンションの資産価値を評価するうえで最も大切な情報が、「過去の大規模修繕工事の実施履歴」です。この情報をもとに、長期修繕計画が計画的に実施され、健全な組合運営を継続しているかを判断します。この情報は、金融機関が中古マンションの担保評価をする際も重要視している資料です。

石綿使用調査結果の有無

石綿（アスベスト）の身体に与える影響が社会的問題となって久しいですが、最も石綿が耐火被覆として使用されていた可能性の高い年代に建築された物件でも、いまだ石綿使用調査を実施していない物件が山ほど存在しています。

宅建業者としては、管理組合として調査を実施しているか、調査している場合、その調査結果はどうであったかという事実を正確に買主に説明することが大切です。比較的、築年数の浅い物件であっても安易に判断せず、**実施歴がなければ、実態が不明である旨を正確に説明**しましょう。

❶ 石綿使用調査を実施しているか、実施予定はあるのか
❷ 実施済みの場合、調査結果はどうであったか
❸ 調査で石綿含有が確認された場合、危険性と今後の対処予定

耐震診断結果の有無

昭和56年6月1日、建築基準法の改正により「新耐震基準」が導入され、地震に耐え得る建物の構造、強度に対し、より厳しい基準が設けられました。

「耐震診断」とは、昭和56年5月31日以前に建築確認申請を行った建築物、「旧耐震基準」の建物に関し、現行の耐震基準を満たす強度を有しているかを診断するもので、診断の結果、強度不足が認められると補強工事が必要となります。近年、この**「旧耐震基準」の物件に関しては、金融機関が非常に厳しい判断をしており、宅建業者が次に該当する物件を取り扱う場合、事前に金融機関に打診を行っておくべき**でしょう。

❶ 旧耐震基準の建築物で耐震診断未実施の物件
❷ 耐震診断を行った結果、強度不足が認められたが、必要とされる補強工事が未実施の物件。この場合、工事実施予定の有無を必ず確認する
❸ 旧耐震基準の建築物で、緊急輸送道路沿道沿いの物件

管理組合の借り入れ金の有無

管理組合としての借り入れがあれば、融資残額と完済予定時期を確認します。大規模修繕工事実施に向けた今後の借り入れ予定の有無や各区分所有者への一次金の徴収予定の有無を確認します。

管理会社の委託形態と管理事務所の業務形態

現在の管理会社との委託形態（全部委託、一部委託）と管理事務所の業務形態（業務時間、定休日）、管理人の勤務形態（住み込み、日勤）、業務時間外や緊急時連絡先などを確認します。

また、過去に管理会社の変更はあったのか、現在の管理人がマンションを担当し何年目になるのかなどもあわせて確認しておきましょう。

覚える！ 管理組合調査の際の確認事項

❶ 管理費、積立金はバランスと金額設定が大切である
❷ 修繕積立金累計額は大規模修繕工事のための貯金である
❸ 管理費などの改定予定があるか、過去の総会議事録も確認する
❹ 管理費などの滞納額は新組合員に支払義務が承継される
❺ ペット飼育、改装工事の規定はすべての条件を確認する
❻ 石綿使用調査、耐震診断は融資結果を左右する重要項目
❼ 管理組合借入金の有無と今後の借り入れ予定の有無を確認

第3章　不動産調査の基本［法務局編］

01　法務局では何を調査するのか？

02　登記簿謄本の種類と構成

03　表題部の読み方

04　甲区欄の読み方

05　乙区欄の読み方

06　共同担保目録の読み方

07　公図、地積測量図、建物図面・各階平面図
　　の読み方

08　区分所有登記の基本と実務

法務局調査は、自らの足で集めた「情報」を、公的書類により「裏づける」調査であり、不動産の「現況」を判断する「役所」調査への中継点となります。

この章では、登記簿謄本の種類や構成、公図、地積測量図、建物図面の読み取り方を詳しくお話しします。

法務局調査をマスターすることで、不動産を取り巻く人（権利関係）やお金（財務力）の見極め方を身につけ、「本物（プロ）」の宅建業者に確実に1歩近づくことができるでしょう。

[第３章] 不動産調査の基本 [法務局編]

法務局では何を調査するのか？

Point
1. 法務局は<u>不動産登記の事務処理</u>を行うところ
2. 法務局では、❶権利関係と❷財務力を調査する
3. <u>登記</u>は現況を正しく反映しているわけでない

法務局の調査結果をもとに現況を正しく理解する

現地調査の次は、法務局と役所へ行って調査を進めます。

ここでは、**売主からのヒアリングや現地調査で気になった点を踏まえ調査をする**わけですが、実際に調査を進める前に質問です。

「法務局とは何をするところでしょうか？」「登記とは何でしょうか？」

すでに不動産業界で勉強をしている人にとっては、難しい質問ではないと思いますが、この機会に重要なことをひとつ覚えておいてください。

それは、「**お客様は法務局が何をする場所か、また、登記という言葉すら聞いたことがない人も多い**」ということです。

私たち宅建業者は日常的に法務局を利用しているため、あたりまえのようにこの言葉をお客様の前で繰り返し使っていますが、その時点ですでにお客様の不動産取引に対する不安や苦手意識が生じているという事実を意識しておくべきです。常にそう意識して、お客様の立場に立ってお話しすることで、確実にお客様の関心は高まり、お互いの信頼関係を深めることができます。

では、法務局と法務局での調査内容を具体的に見ていきましょう。

> **法務局とは** 地方における法務関係業務を行う法務省の機関で、登記、戸籍、国籍、供託および公証に関する事務処理を行っている

　私たち宅建業者は、この中でも「不動産の登記内容に関する調査を行う」わけですから、調査する内容は、❶権利関係と❷財務力という2点です。わかりやすくいうと次のようになります。

> 「誰が」「どこを」「どれだけ」所有し、「誰に」「どこを」提供し「どれだけ」のお金を借りているのかといった内容を調査する

　具体的な調査内容や方法をお話しするうえで、必ず覚えておいてほしいことがあります。それは、**法務局での調査結果が必ずしも現在の状況を正しく反映しているわけではない**ということです。この点は非常に重要で、「相続登記」が未了で被相続人名義のまま放置されていたり、建物の増築部分に関し「建物表題変更登記」がなされていなかったり、なかには登記内容自体に誤りがあるケースもあります。

> **宅建業者として大切なこと** 法務局での調査結果をそのまま鵜呑みにするのではなく、調査結果を参考に現在の状況を正しく判断する

覚える！ 法務局で入手する書類

❶ **登記事項証明書** 不動産の表示、所有権、所有権以外の権利が記載されている
❷ **公図** 土地の形状、周囲との位置関係を地番で記した位置図
❸ **地積測量図** 土地家屋調査士が作成した土地の測量図面
❹ **建物図面・各階平面図** 土地家屋調査士が作成した建物の測量図面

61

[第3章] 不動産調査の基本 [法務局編]

02 登記簿謄本の種類と構成

Point

❶ 法務局の調査は登記簿謄本取得から開始する
❷ 謄本の構成は、表題部、権利部、共同担保目録からなる
❸ 登記簿謄本は使用目的、調査対象ごとに活用

登記簿謄本は使用目的と調査対象に応じ使い分け

まず法務局における調査は、登記簿謄本の取得から開始します。**不動産の登記簿謄本は個人の住民票や戸籍と違って制限がないため、誰でも取得することができます。**ポイントは次のとおりです。

❶ 地番や家屋番号で申請する⇒地番がわからないときは、法務局備えつけのブルーマップで特定する。家屋番号がわからないときは、所有者名で検索することも可能

❷ マンションの場合⇒マンション名による50音別の地番照合台帳が備えつけられている。ほとんどの場合、部屋番号で特定できるが、所有者名も記載すれば万全

❸ 登記簿謄本⇒図面と違い、管轄局でなくても全国の法務局で取得でき、地番や家屋番号が特定できていれば郵送で申請することも可能

登記簿謄本は、現在の登記記録だけでなく、過去の記録を調査することもできるので、公図や地積測量図、建物図面などに反映されていない内容を調査する「ヒント」を得ることができます。

62

登記簿謄本（登記事項証明書）には次の4種類があり、それぞれ使用目的や調査対象にあった活用のしかたがあります。

❶ **全部事項証明書** 現在効力のある事項および過去の履歴が記載されている。過去の所有者歴やすでに抹消されている担保歴も確認できる。不動産業界でいう「謄本」とは、主にこの証明書のことをいい、銀行や税務署への提出用にも使用する

❷ **現在事項証明書** 現在効力のある事項のみ記載されている。差押、抵当権設定など、過去の登記記録で表示したくない内容があれば、この証明書を活用する

❸ **一部事項証明書** 甲区（所有権）、乙区（所有権以外）の特定した順位番号の内容のみ記載されている。敷地権登記のないマンションの敷地のように、特定の所有者の登記記録のみ取得したいときは、この証明書を活用する

❹ **閉鎖事項証明書** すでに閉鎖されている過去の登記記録が記載されている。土地の「地歴調査」など、過去の建物や土地利用の履歴を調査する場合にこの証明書を活用する

登記簿謄本の種類と意味

❶ **全部事項証明書** 権利関係、財務力など、不動産を総体的に判断するのに最適

❷ **現在事項証明書** 記載内容が読みやすく不動産の現況の把握のみであれば有効

❸ **一部事項証明書** マンションの敷地などで所有者を特定して調査するのに活用

❹ **閉鎖事項証明書** 登記の電子化前の記録やすでに取り壊された建物調査に活用

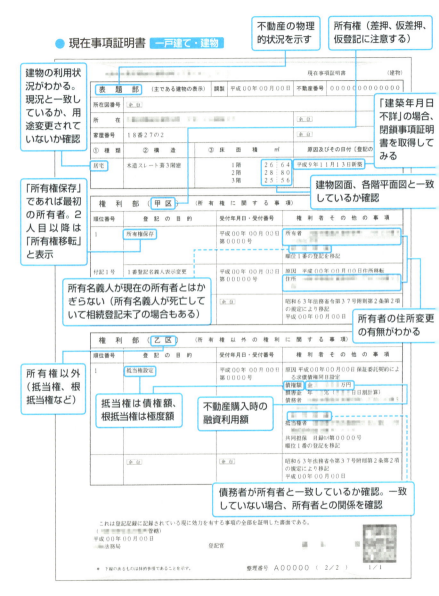

● 現在事項証明書 一戸建て・土地

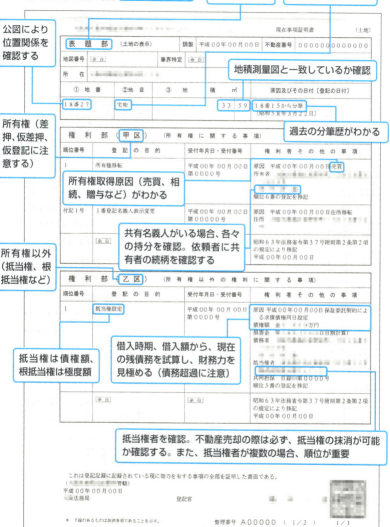

[第 3 章] 不動産調査の基本［法務局編］

03 表題部の読み方

Point

① 謄本表題部には不動産の物理的状況が記載
② 地積は地積測量図と一致しているかを確認
③ 床面積は建物図面や各階平面図と照合する

調査ポイントは現況把握と相違の原因究明

登記簿謄本の表題部には、「所在」「面積」「構造」など、不動産の物理的な状況が記載されています。**表題部の確認で重要なポイントは、現況との相違の有無**です。

登記内容と現況に相違があれば、登記内容に誤りがあるのか、登記に反映されていない未登記部分があるのか、**原因の特定と原因に応じた対処が必要**となります。司法書士や土地家屋調査士と相談のうえ、調査を進めましょう。

● 土地

所在・地番 土地の所在は、住居表示ではなく地番で記載されます。**分筆、合筆による地番変更から、地目、地積の変更など、現況までの経緯を読み取る**ことができます。

地図番号・筆界特定 過去に筆界特定があった場合、日付、手続き番号が記載されるので、筆界特定の書類を申請します。

地目 土地の用途が記載されます。代表的なものは、宅地、田、畑、山林など。なかでも地目が「田」の場合は注意が必要です。**すでに建物が存在しているのに地目が「田」の場合、農地転用に対する農業委**

66

員会の許可は得ているのか、許可は得ているが地目変更がなされていないだけなのかといった調査が必要となります。

地積 土地の面積が「m²」で記載されているので、**地積測量図の面積と一致しているか**を確認します。

原因及びその日付 土地の**分筆、合筆、錯誤**など、現在の地番、地目、地積が形成されるまでの過去の経過が時系列で読み取れます。

● 建物

所在・家屋番号・建物の名称 建物が建っている土地の地番で所在が記載されます。家屋番号は建物につけられた番号で、**1筆の土地に建物が2つ以上ある場合、建物ごとに家屋番号が存在**します。マンションの場合、建物の名称が記載されます。

種類・構造 建物の用途が記載されます。代表的なものは居宅、店舗、倉庫などです。構造は、建物の構造材料、屋根の種類、階数が記載されます。

床面積 建物の各階ごとの面積がm²で記載されます。**建物図面、各階平面図と一致しているか**を確認します。

原因及びその日付 建物の建築年月日が記載されます。正確な建築年月日が不明のときは「**建築年月日不詳**」といった記載がなされます。

敷地権の目的である土地の表示 敷地権登記のあるマンションの場合、土地の符号、所在および地番、地目、地積、登記の日付が記載されます。**敷地権登記のないマンションの場合、別途、土地の登記簿謄本を「一部事項証明書」**で取得します。

覚える！ 登記と現況の相違例

❶ 建物の増改築後、建物表題変更登記が未了のまま放置されている

❷ 用途変更後、建物表題変更登記がされていない（駐車場⇒店舗）

❸ 建物解体後、滅失登記がなされていない（登記上のみ建物が存在）

[第 3 章] 不動産調査の基本［法務局編］

04 甲区欄の読み方

Point

❶ 甲区欄は所有権に関する内容が記載される
❷ 記載内容は、所有者、取得時期、取得原因
❸ 所有者の変更事項（住所、氏名）を確認

登記名義人が現在の所有者とはかぎらない

権利部のうち、甲区に関しては、所有権に関する内容が記載されています。具体的な登記内容は、次のようになります。

❶ 登記上での、現在、過去の所有者住所、氏名
❷ 所有権を取得した時期、原因（売買、相続、贈与など）
❸ 第三者による所有権の制限（差押、仮差押）

次に、甲区に記載される登記内容の詳細と確認ポイントを見ていきましょう。

順位番号 登記申請の順に記載されます。

登記の目的 次の4つになります。

❶ 所有権保存 ⇒ はじめての所有権の登記は、「保存」として記載される
❷ 所有権移転 ⇒ 2度目以降の登記は、「移転」として記載される。この場合、登記の原因（売買、相続、贈与など）をしっかりと確認する

❸ 所有権移転仮登記・所有権移転請求権仮登記 ⇒ 所有権移転仮登記は、すでに権利変動が生じているが、**登記済権利証書の紛失などにより権利移転できない場合の仮登記**。所有権移転請求権仮登記は、権利変動は生じていないが、将来生じる**本登記に対する請求権確保のための仮登記**。いずれも登記の目的は「**順位の保全**」

※ 売買する不動産に、上記❸の登記がある場合、「仮登記」だからと軽視するのは危険です。**売主に内容を十分確認したうえで、対処が必要**となります。

❹ 差押、仮差押 ⇒ 固定資産税など、税金の滞納や競売開始決定による場合が多い。所有者へ確認して、原因をしっかりと確認する

登記年月日・受付番号 登記申請の受付年月日および受付番号が記載されます。

権利者その他の事項 「原因」と「所有者」の住所、氏名が記載されます。共有者がいる場合、それぞれの持分が記載されます。また、差押、仮差押の場合、「債権者」の住所、氏名とその原因が記載されます。たとえば、所有権移転の「原因」の場合、売買、相続、贈与などです。ただし、税金の滞納による差押・仮差押の場合、原因は「税務署差押」、債権者「東京都」といった記載となるので、所有者に対する差押通知書や督促状などにより、税金などの滞納状況や詳しい内容を確実に特定する必要があります。

登記と現況の相違例

❶ 登記名義人と現在の所有者は一致しているか
❷ 登記名義人の氏名に変更はないか（婚姻、離婚など）
❸ 登記名義人の住所に変更はないか（転居、住居表示変更）
❹ 登記名義人が死亡していないか（相続登記未了の場合）

[第3章] 不動産調査の基本 [法務局編]

05 乙区欄の読み方

Point

❶ 乙区欄は**所有権以外の権利内容**が記載される
❷ 乙区欄から**権利関係者の優先順位**を読み取る
❸ 乙区欄から**現在の所有者の財務力**を読み取る

所有者でも不動産を自由に売却できない理由

　権利部のうち、乙区に関しては、**所有権以外の権利**、たとえば、**抵当権、根抵当権、賃借権**などが記載されています。ここでは、所有者だけでなく、賃借人にも影響する内容なので、**順位番号、設定年月日**などにより各権利関係者の優先順位を確認します。

　そして、**1番の目的は設定されている抵当権、根抵当権の設定内容から、実際の債務額、借入可能額など、所有者の財務力を読み取る**ことです。具体的には、不動産の担保評価と設定されている債権額や極度額、実際の債務額とを比較し、余裕のある状態なのか、債務超過に陥っている状態なのかといった見極めをします。では、登記内容の詳細と確認ポイントを見ていきましょう。

順位番号 登記申請の順に記載されます。

登記の目的 次の3つになります。

❶ 抵当権設定⇒個人の住宅ローンの場合などに設定される。債権額は抵当権設定時点での借入額となり、ローンを返済し終えると抵当権の抹消登記を行う。

❷ 根抵当権設定⇒事業用資金のように繰り返し借り入れ、返済を行

70

う場合、金融機関は貸し出し上限額（極度額）を決めて融資を行う。記載された極度額は実際の借入額ではなく、仮に債務がなくても所有者からの抹消申し出がなければ、登記上の設定は残ったままとなる

❸ **賃借権設定**⇒一般的な賃貸借契約の場合は設定することはありませんが、特定優良賃貸住宅（特優賃）の場合などは、地方自治体による賃借権が設定されている

権利者その他の事項 設定年月日、債権額（根抵当権の場合、極度額）、損害金、債務者の住所、氏名、抵当権者（根抵当権者）の住所、氏名が記載されます。

抵当権、根抵当権が設定されている不動産を賃貸で貸す場合

短期賃貸借保護制度の廃止に関わる説明が、重要事項説明で必要となります。内容としては、抵当権や根抵当権が実行され、不動産が競売、公売により処分された場合、賃借人は競落人に対抗することができませんが、競落人の買受日から6カ月間は明け渡しが猶予されるというものです。これは、悪質な占有者による競売妨害など、民法改正前の短期賃借権の保護制度の弊害が問題となり、保護制度自体が廃止されたという背景があります。

乙区の確認ポイント

❶ 権利関係者の優先順位を確認する
❷ 税金や保険の場合、登記順位ではなく、法定納期限によって順位が決まるので、納付書や債権者への聞き取り確認が必要
❸ 売主の返済予定表や残債務証明書を基に、実際の債務額を確定する

[第 3 章] 不動産調査の基本 [法務局編]

06 共同担保目録の読み方

Point

❶ 共同担保では同一債権に複数の不動産を設定
❷ 共同担保から外せない 1 番の理由は担保割れ
❸ 共同担保は対象物件単独ではなく全体で判断

共同担保目録から見えない「糸」が見えてくる

　共同担保とは、**金融機関の設定するひとつの抵当権や根抵当権に対し、複数の不動産が共同で担保設定されている場合**をいい、乙区欄同様、所有者の財務状況を示す情報です。

　最も多い例として、所有者が住宅ローンを利用している場合、ひとつの抵当権に対し土地と建物が共同担保になっています。

　特に注意が必要なのは、所有者が事業者で、根抵当権が設定されている場合です。事業用融資を追加申込みする際、追加担保としてほかの不動産が新たに共同担保に加わり、極度額が変更されているようなケースです。

　この場合、複数の債権、複数の不動産が蜘蛛の糸のように複雑に絡みあっていて、**目的とする不動産の根抵当権が容易に外せない**ことがあります。

　わかりやすくお話しすると、担保価値が異なる複数の不動産が共同して担保としての役割を果たしているので、ある不動産を共同担保から外してしまうと、残りの不動産の担保が不足する（担保割れ）場合があり、場合によっては新たな担保提供が必要になることもあります。

　金融機関が共同担保を取りたがる 1 番の理由は、個々の不動産では

72

担保評価が不足したり、地価の変動による影響が大きかったりしますが、**複数の不動産の「輪」をつくることで、これらのリスクを軽減できる**というメリットがあるからです。こうやってみると、**共同担保が設定されている不動産の取り扱いが容易ではない**という点がご理解いただけるでしょう。

● 現在事項証明書に載っている共同担保目録

土地・建物が共同担保となっている。ほかの不動産が共同担保に入っていないか注意する

 まめ知識 共同担保の場合、取引対象とする不動産単独で考えない

目録にあるすべての不動産の担保評価を試算し、売却および担保抹消に関する相談を債権者とすることが必要になります。

共同担保の注意点

❶ 住宅ローンの場合、土地、建物が共同担保となる
❷ 事業用融資の場合、複数の不動産が共同担保となる
❸ 根抵当権による共同担保は、売却、借り換えの難易度が高い

［第3章］不動産調査の基本［法務局編］

07 公図、地積測量図、建物図面・各階平面図の読み方

Point

❶ 公図は地番で土地の形状や範囲を示す位置図
❷ 地積測量図や建物図面は作成時期が最重要
❸ 増改築未登記部分は建物表題変更登記が必要

現地調査の結果と取得図面とを徹底照合する

● 公図（右頁参照）

　公図とは、地番により記載された土地の位置図であり、土地の形状、範囲、道路や水路との位置関係を示した図面です。歴史的には、もともと明治時代に徴税を目的に作成された図面であり、土地の形状や範囲を示すうえでは重要な書類ですが、**地積測量図や建物図面と比較して、正確性という点において劣ります。**公図を確認する際の重要ポイントは、次の2点です。

❶土地の形状と範囲が現況と一致しているか確認する
❷土地と道路との位置関係を確認する

　まず、**現地調査の結果と公図に記載された形状や範囲（境界）に違いがないかを確認**します。もし、違いがあるようであれば、依頼者や隣接地の所有者に聞き込みをして、原因を調査する必要がありますが、**原因がわからないようであれば、「土地家屋調査士」**などの専門家に依頼が必要となります。

● 公図サンプル

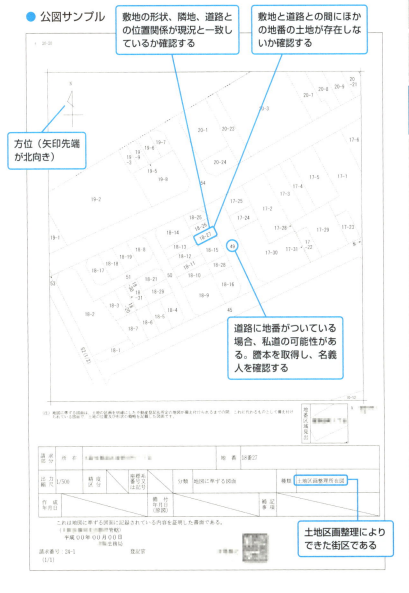

次に、土地と道路との位置関係です。第4章でも詳しくお話ししますが、**建物を建築する場合、敷地が建築基準法上の道路に2m以上接している必要があります。**これを「接道義務」といいます。公図で確認して、対象となる土地が道路と接していればいいのですが、**道路に地番がついていたり、道路との間に別の地番が存在する場合は注意が必要**です。

道路に地番がついている場合、私道の可能性があるので、該当地番の登記簿謄本を取得し、所有者を確認します。所有者が国、都道府県、市区町村なら問題ありませんが、個人や法人所有となっている場合、道路の使用許可や上下水道管の引き込みや改修工事の際に、**所有者の承諾を得る**必要があります。

また、**対象地と道路との間に別の地番の土地が存在し、その間の土地が第三者の所有名義である場合、対象地は建築基準法の接道義務を満たしておらず、建物の建築ができない可能性があります。**

> 注意！　❶ 道路に地番がついている場合
> 　　　　❷ 道路と土地の間に別の地番が存在する場合

● 地積測量図（78頁参照）

地積測量図は、土地家屋調査士により作成された測量図面であり、筆界点の座標値をもとに土地の面積が計算され（座標法）、登記簿謄本の地積に反映されます。作成時期が新しく、間口、奥行き、境界標の位置などが現況と一致していれば問題ないのですが、**地積測量図が存在しないような場合や存在しても作成時期が古い場合は注意が必要**です。

> 注意！　❶ 地籍測量図が存在しない場合
> 　　　　❷ 地籍測量図の作成時期が古い場合

地積測量図や建物図面は、昭和35年の不動産登記法の改正（昭和35年4月1日施行）により登記申請書類への添付が義務づけられました。したがって、取得がこれ以前の土地に関しては、測量図が存在しない可能性が高くなります。

　また、広い土地を3区画、4区画と分筆したあとの「残地」に関しても、地積測量図が存在しない可能性が高くなります。本来、分筆時や残地に関しても測量はすべきなのですが、費用の問題もあって測量せずに放置されている場合が多くあります。

　地積測量図が存在しない場合、隣接地の地積測量図を取得し、外周部だけでも数字を特定するようにします。また、**具体的に売却を前提としているようであれば、土地家屋調査士に依頼し、実測や簡易測量（仮測）を実施するよう所有者に提案**します。

　作成時期が古い場合も同様です。土地家屋調査士による測量技術や精度が年々向上しているのと、隣接地や周辺の土地の現況も変化している可能性があります。実際、売買契約の段階で実測してみると、地積測量図の面積と誤差が大きく生じることがあります。

　したがって、**地積測量図の作成時期が古い場合も依頼者への実測や簡易測量（仮測）の提案が必要**となります。

● 建物図面・各階平面図（80頁参照）

　建物図面、各階平面図も地積測量図同様、登記申請時の添付が義務づけられた図面ですが、古い建物は図面が存在しなかったり、図面があっても現況と一致していない場合があります。

　このような場合、施工図面など、可能なかぎりの関連資料を集め、現況をより正確に把握することが必要になります。

> **注意！** ❶ 建物図面・各階平面図が存在しない場合
> ❷ 建物図面・各階平面図の作成時期が古い場合

● 地積測量図サンプル

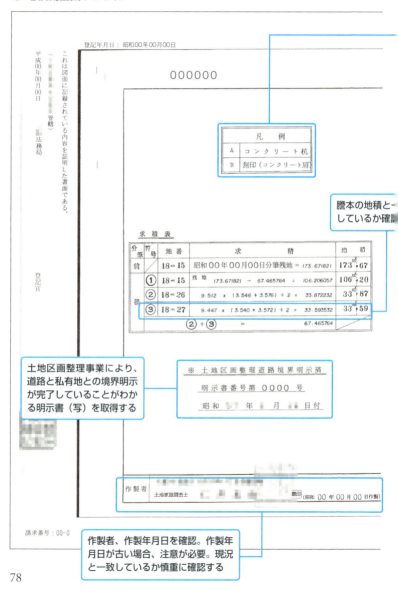

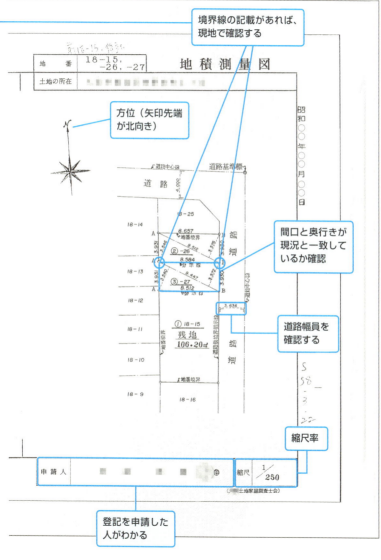

● 建物図面・各階平面図サンプル

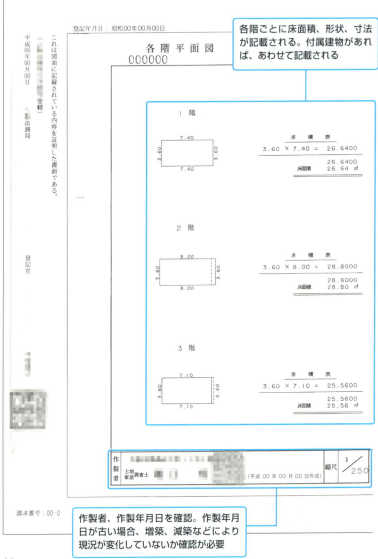

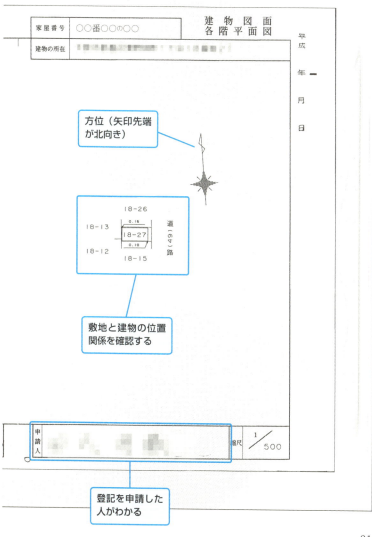

建物図面や各階平面図から発見される最も多いケースとして、**増築部分の未登記**が挙げられます。本来、**建物所有者は建物の増築を行った場合、増築後1カ月以内に建物表題変更登記を行う義務がある**のですが、それを怠っているケースが結構あります。売買や相続などで所有者が変更している場合、何十年も経ってから増築の事実を知ることになったという所有者も珍しくありません。

増築だけでなく「減築」の場合も同じですが、現実的な問題として、買手が金融機関から融資を利用する場合、**増改築などによる未登記部分の変更登記を融資実行の条件とされる**ケースがあります。

> **宅建業者として大切なこと** 売却後のトラブル回避のためにも、売主の立場で建物表題変更登記を行うようアドバイスする

仮に未登記の状態で契約を行うのであれば、物件引き渡し条件として「**売主の立場における建物表題変更登記**」を明記することが必要です。

図面3点セットの予備知識

① **道路に地番がついている** 私道の可能性あり。道路部分の謄本を取得する

② **対象地と道路の間に別の地番** 接道義務を満たしていない可能性あり

③ **地積測量図がない場合** 隣接地の測量図から外周部の数字を特定する

④ **地積測量図が古い場合** 現況との違いを確認。実測、仮測を売主に提案する

⑤ **建物図面がない場合** 施工図面など、可能なかぎり関連資料を収集する

⑥ **現況と建物図面が不一致** 増改築未登記の可能性あり。売主の立場における建物表題変更登記の実施をアドバイスする

［第 3 章］不動産調査の基本［法務局編］

08 区分所有登記の基本と実務

Point

❶ 区分所有登記は1棟の建物と専有部分で構成
❷ 敷地権登記で敷地利用権が専有部分と一体化
❸ 敷地権と土地所有権の違いは分離処分の可否

敷地権登記では、建物の権利が土地持分にもおよぶ

区分所有登記とは、1棟の建物の中に2つ以上の構造上の独立性と利用上の独立性を持つ建物（専有部分）が存在し、それぞれの建物を所有権の対象として登記することをいいます。

❶ 構造上の独立性 ⇒ 建物が壁、床、天井などで区分され、ほかの部分から完全に独立している状態にある
❷ 利用上の独立性 ⇒ 構造上の独立性を持って区分された建物が、独立して利用できる状態にある

区分所有登記の代表的なものには、「分譲マンション」「共同ビル」「連棟式住宅」がありますが、最近では二世帯住宅で区分所有登記を利用している場合もあります。

登記簿謄本の構成としては、表題部が「一棟の建物の表示」「専有部分の建物の表示」に分かれており、目的となる専有部分の表示に関しては、家屋番号と種類が記載されています。甲区（所有権）、乙区（所有権以外）に関しては、専有部分に関する登記内容が記載されます。

83

● 現在事項証明書 マンション・敷地権登記

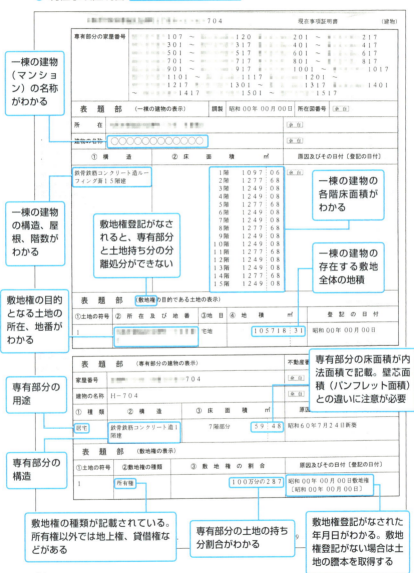

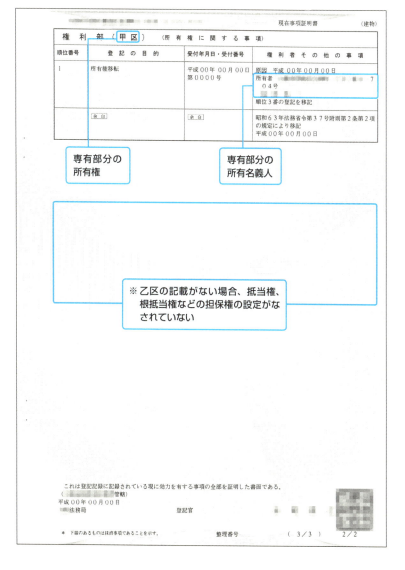

85

次に敷地権登記に関して見ていきましょう。

一般的に**一戸建の場合であれば、土地、建物は別々の不動産であり、土地、建物を別の人が所有することも、土地、建物のいずれか片方だけを売買することも可能**です。相続の場合であれば、土地を長男、建物は次男といった形で相続するようなケースも普通にあります。

しかし、**マンションのような区分所有建物の場合、1棟の敷地全体を複数の区分所有者が持分に応じ共有している状態**であるため、**「区分所有法」「不動産登記法」**の定めにより、専有部分と土地の持分は、管理規約に別段の定めがなければ、分離して処分することができません。

登記上、「専有部分の権利に付随するもの」として「一体化」された土地の権利を「敷地権」と呼びます。

敷地権登記がある場合、建物におよぶ権利は必然的に敷地権にもおよぶ。つまり、売却だけでなく、抵当権などの設定に関しても、建物、敷地権の片方だけということはできない

なお、**敷地権登記のない区分所有建物の場合も、不動産取引における不利益は特にありません。**ただし、次の2点に注意しましょう。

---

❶ 登記申請する場合や登記簿謄本を取得する場合に、土地と建物それぞれに対し行う必要がある

❷ 土地の謄本申請時、該当する部分のみ指定しないと、ほかの区分所有者全員の持分に関しても、情報が出力されてしまう

覚える!

［敷地権の種類］必ず謄本で確認しよう

❶ 所有権 土地を持分により所有する権利
❷ 地上権 建物所有を目的に他人の土地を使用することができる物権
❸ 賃借権 賃料を支払い、他人の土地を使用することができる債権

第4章 不動産調査の基本［役所編］

01 市区町村役場で何を調査するのか？

02 市街化区域と市街化調整区域

03 用途地域の種類と法規制

04 防火地域と準防火地域

05 建蔽率と容積率

06 建築物の「高さ」制限

07 斜線制限

08 敷地面積の最低限度

09 都市計画道路の確認法

10 開発許可

11 土地区画整理事業

12 土壌汚染対策法指定区域

13 埋蔵文化財包蔵地

14 造成宅地防災区域、津波災害警戒区域、
土砂災害警戒区域

15 道路の種類と接道状況

16 ライフラインの調べ方

17 建築計画概要書と台帳記載事項証明書

現地調査、法務局調査の次は「不動産調査」の最終プロセス「役所」調査です。役所調査は、現地調査と法務局調査で得られた「結果」を、不動産評価という「成果」に結びつける最後の調査です。

この章では、都市計画法、建築基準法など、法令上の規制内容のほか、道路やライフラインの調査方法を徹底的に学びます。

この章で役所調査のノウハウを学ぶことで、不動産調査の姿勢が、What「何？」からWhy「なぜ？」に変化し、どうすれば可能かというWay「方法」に確実に成長することでしょう。

[第4章] 不動産調査の基本 [役所編]

市区町村役場で何を調査するのか？

Point
❶ 役所では調査内容と調査範囲の見極めが大切
❷ 適切な質問と相談から最適な判断を導き出す
❸ 最適な判断を導き出すには専門知識が必要

調査結果から建築可能な建物の条件を判断する

現地調査と法務局での調査を終えたら、次は役所（市区町村役場）で調査をします。**役所における調査の重要性は、現地、法務局での調査結果をもとに、最終的な不動産評価に影響をおよぼす重要な「判断」を下すことにあります。**

では、役所での調査の「目的」は何か。そして、何に対する「判断」をするのか。答えは次のようになります。

❶ 目的 ⇒ 対象地の属する地域と法令上の規制内容を知る
❷ 判断 ⇒ 対象地で建築可能な建物の条件を判断する

役所では、どこまでの調査が必要となり、調査結果からどのような判断をすべきか、すべて自分自身で見極めていかなくてはなりません。
役所の担当者は質問された内容には答えてくれますが、質問以外の内容には答えてくれません。 また、質問や相談のしかたによって出てくる回答も変わります。

たとえば、「敷地が接道義務を満たしていない」というひとつの事実に対しても、次の2つの相談のしかたで結果が大きく変わってきます。

❶ 接道義務を満たしていない場合、建物の建築はできないですか？
❷ 接道義務を満たしていないようですが、どのようにすれば建物の建築が可能になりますか？ 必要となる要件を教えていただければ、その点を調査する

後者の相談のしかたであれば、第4章15節でお話しする「建築基準法第43条第2項第2号許可」で建築できる可能性を導き出すことができます。

また**役所では、主に都市計画法、建築基準法、そのほかの法令上の制限に関する**調査を行い、調査結果に基づく一定の判断をするわけですが、そのためには、役所の担当者に適切な質問や相談をするだけの「知識」が必要になります。

役所での調査内容を見極め、適切な判断をするために必要とされる「専門知識」については、次節から1つひとつ詳しくお話ししていきます。

役所調査の重要ポイント

❶ 調査地の属する地域、法令上の規制を調査する
❷ 現在の建物が適法物件であるかを判断する
❸ 調査地で建物を再建築できるかを判断する
❹ 建築可能な建物の用途、構造、規模を判断する
❺ ライフラインを調査し既存設備を継続使用できるかを判断する
❻ ライフラインの改修工事が必要な場合の手続きと費用を確認する

[第4章] 不動産調査の基本 [役所編]

02 市街化区域と市街化調整区域
担当部署 都市計画課・建築指導課

Point
❶ 市街化区域と市街化調整区域の区分を調査
❷ 市街化調整区域は住宅建築不可とはかぎらない
❸ 市街化調整区域の規制緩和と建築要件を調査

市街化調整区域でも住宅建築は可能

　まず、**都市計画課で「都市計画地図」**を開き、調査の目的地が都市計画法で定める**「都市計画区域」**に指定されているか調べます。指定されている場合、「市街化区域」「市街化調整区域」のいずれに位置するかを調べます。

　この都市計画区域を市街化区域と市街化調整区域に区分することを「線引き」といい、いずれの区域にも該当していない区域を「非線引き都市計画区域」といいます。

　また、都市計画区域に該当しない区域の中で将来的な市街化の進行が予測される区域に対し、あらかじめ土地利用を規制する目的で指定されているのが「準都市計画区域」となります。

❶ 市街化区域 ⇒ すでに市街化を形成している区域、およびおおむね10年以内に優先的かつ計画的に市街化を図るべき区域
❷ 市街化調整区域 ⇒ 市街化を抑制すべき区域
❸ 非線引き都市計画区域 ⇒ 市街化区域、市街化調整区域に該当しない区域

「市街化区域」「非線引き都市計画区域」「準都市計画区域」では、一定の要件を満たせば開発行為が許可されるのが原則です。

❶ 市街化区域 ⇒ 原則 1,000m² 未満の開発行為は都市計画法による許可が不要
❷ 非線引き都市計画区域、準都市計画区域 ⇒ 原則 3,000m² 未満の開発行為は許可が不要

一方、**市街化調整区域では、農林漁業を営む人の住宅など一定の建築物を除き、原則、住宅を建築することができません。** ここで大事なのは、宅建業者が調査を行ううえで、**「市街化調整区域＝住宅は建たない」と思い込まないこと**です。

最近では、各自治体ごとに、市街化調整区域内の規制緩和が進められており、**公益上必要な建築物や世帯分離のための住宅などの開発・建築行為が可能な地域が増えています。**

● 都市計画地図サンプル

市街化調整区域は固定資産税が安いって本当？

第10章でも詳しくお話ししますが、固定資産税・都市計画税は、毎年1月1日現在の所有者に課税される税金で、税額計算の基準は固定資産税評価額です。市街化調整区域は市街化を抑制する区域で、開発行為が厳しく制限されています。したがって、評価額も市街化区域と比べて安く、固定資産税も安くなるのが通常です。また、市街化調整区域では都市計画税が課税されません。都市計画税は市街化整備の目的税ですから、当然といえば当然ですね。

調査地が市街化調整区域に指定されていることがわかった場合、**担当者に次の内容を詳しく確認し、建築できるのかできないのか判断しましょう。**

> **市街化調整区域の確認ポイント**
> ❶ どのような法規制があるのか、また、規制緩和がなされていないかを確認
> ❷ 建築可能な建物の要件、特に要件を満たせば「住宅」建築は可能かを確認

● 都市計画法の区域区分

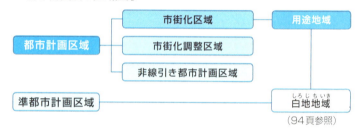

(94頁参照)

都市計画区域についての質問・相談のしかた

❶「調査地が市街化調整区域にありますが、どのような規制がありますか？」
❷「調査地が市街化調整区域にありますが、建築可能な建物の要件を教えてください」
❸「都市計画地図で確認したところ非線引き都市計画区域のようですが、具体的な建築規制に関して教えてください」

［第4章］不動産調査の基本［役所編］

用途地域の種類と法規制
03 担当部署 都市計画課・建築指導課

Point
❶ 市街化区域には全13種類の用途地域がある
❷ 用途地域は、住居系、商業系、工業系に区分
❸ 5年ごとの用途地域と規制の変更に注意が必要

現在の用途地域、過去の変更履歴を調査しよう

　都市計画法では、用途の混在を防ぐ目的から市街化区域内に住居系、商業系、工業系用途地域を定め、5年ごとに見直しを行っています。また、都市計画法の改正により、平成30年4月には田園住居地域が13番目の用途地域に加わりました。

❶ 住居系⇒第1種低層住居専用地域、第2種低層住居専用地域、第1種中高層住居専用地域、第2種中高層住居専用地域、第1種住居地域、第2種住居地域、準住居地域、田園住居地域

❷ 商業系⇒近隣商業地域、商業地域

❸ 工業系⇒準工業地域、工業地域、工業専用地域

　用途地域では、各地域ごとに建築できる建物の用途が制限されており、**最も規制の厳しい地域は、第1種低層住居専用地域や第2種低層住居専用地域**といった、閑静な住宅街に多い地域です。一方で、**最も規制が緩やかな地域は、商業地域や準工業地域**で、危険物の貯蔵施設など、一部の用途以外はほとんど規制されていません。

　用途地域の調査で注意すべき点は、次頁の2点です。

93

❶ 5年ごとに見直しされる用途地域の変更により、依頼者の取得時よりも規制が厳しくなっている可能性がある
❷ 白地地域内の物件を取り扱うときには、関係の地方公共団体の条例についての十分な調査が必要

❶の例では、用途地域が第1種低層住居専用地域であるにも関わらず、地域内に規制されている店舗が複数存在していることに疑問を感じて調査したところ、過去に用途地域の見直しが行われていたということがありました。

❷の「白地地域」とは、都市計画区域、準都市計画区域内で用途地域が指定されていない地域で、従来は建築物の用途規制がなかったのですが、都市計画法の改正により白地地域の中に特定用途制限地域が定められ、地方公共団体による建築規制がなされることになりました。

宅建業者として大切なこと 用途地域が特定できたら、役所の担当者にお客様の希望の用途、大きさを伝え、実際に建築が可能かどうかを具体的に確認することが必要

覚える！ 用途地域についての質問・相談のしかた

❶「第2種低層住居専用地域ですが、床面積130m²の飲食店は建築可能でしょうか？」
❷「第1種低層住居専用地域ですが、近隣に飲食店や物販店があるのはどうしてですか？　これまでに用途地域の見直しがあったのでしょうか？」
❸「地図上で確認したところ、用途地域の指定のない地域（白地地域）のようですが、具体的な建築制限を教えてください」

[第４章] 不動産調査の基本 [役所編]

04 防火地域と準防火地域

担当部署 都市計画課・建築指導課

Point

❶ 防火地域と準防火地域は、**防火・防災地域区分**
❷ 階数と面積により、**必要とされる構造が決まる**
❸ 異なる地域にまたがる場合は、**厳しい地域の規制が適用**

地域区分は住民の「安全面」への配慮が重要

用途地域とともに調査する内容に、防火地域、準防火地域の区分があります。

用途地域が用途による地域区分であるのに対して、防火地域、準防火地域は、地域住民の安全面に配慮した防火、防災による地域区分となります。

都市の中心部、主要幹線道路沿いなど、大規模な商業施設や建物が密集している地域では、火災、延焼による惨事を防ぐため、防火地域が指定され、建物の構造に対して厳しい制限が求められています。**防火地域内に木造建築物が建てにくい**のもこの規制によるものです。防火地域よりも規制が緩やかな地域が準防火地域であり、**3階建、延床面積500m²以下で、外壁、軒裏で延焼のおそれのある部分を防火構造とするなど一定の防火対策を施せば、木造建築物も可能**です。

また、防火地域や準防火地域に指定されていない区域に「屋根不燃区域（法22条区域）」という地域があります（建築基準法第22条指定区域）。この地域では屋根、外壁などで延焼のおそれのある部分に不燃材の使用を義務づけており、「第1種低層住居専用地域」「第2種低層住居専用地域」などに見受けられます。

● 防火・防災による地域区分

区分	建築規制	建築可能建物
防火地域	3階以上（地階を含む）または 延床面積100m²超	耐火建築物
	上記以外の建築物	耐火建築物 準耐火建築物
準防火地域	4階以上（地階を除く）または 延床面積1,500m²超	耐火建築物
	3階以下（地階を除く）かつ 延床面積500m²超1,500m²以下	耐火建築物 準耐火建築物
	3階（地階を除く）かつ 延床面積500m²以下	耐火建築物 準耐火建築物 ※技術的基準適合建築物

※外壁と軒裏を防火構造、屋根を不燃材料、開口部に防火戸を設けるなど、一定の防火
　対策を施した建築物

必ず押さえる重要ポイント

❶ 目的物が2以上の地域にまたがる場合 ⇒ 厳しい地域の規制が適用
　される
❷ 地域指定が変更となった場合 ⇒ 厳しい規制の地域に変更となり、
　必要とされる基準を満たさなくなると既存不適格物件となり、建
　て替えなどのときには変更後の規制が適用される

質問・相談のしかた

❶「調査地が準防火地域に指定されていますが、木造で建築可能な
　建物の条件を教えてください」
❷「調査地が防火地域と準防火地域にまたがっているのですが、具
　体的な建築規制を教えてください」
❸「法22条区域から準防火地域に変更になっているのですが、現在
　の建物に必要とされる措置はありますか？　建て替え時の規制を
　教えてください」

［第4章］不動産調査の基本［役所編］

05 建蔽率と容積率
けんぺいりつ

担当部署 都市計画課・建築指導課

Point

❶ 建蔽率は敷地面積に対する建築面積の割合
❷ 容積率は敷地面積に対する延床面積の割合
❸ 容積率には前面道路の幅員による制限がある

金融機関も注目！ 建蔽率・容積率オーバー

建蔽率と容積率は、調査時点での対象地を判断するうえでも、将来的な建築計画を立てるうえでも、非常に重要な建築基準法の規制のひとつとなります。

なぜなら、法規制の基準内か基準外か、数字で判断しやすく、違法建築、既存不適格など、**建築基準法の中でも最も不適合の多い規制項目のひとつ**だからです。

実際、宅建業者だけでなく、**金融機関が融資の担保評価をする際も、最優先でこの規制を確認し、違反している場合、特に容積率オーバーの場合は融資対象外とする金融機関が増加傾向にあります。**

❶ 建蔽率 ⇒ 敷地面積に対する建築面積の割合。建築面積とは、建物を真上から見た場合の水平投影面積を指す

  例 敷地面積100m²、建蔽率60％の場合、建築面積は60m²まで

❷ 容積率 ⇒ 敷地面積に対する延床面積の割合

  例 敷地面積100m²、容積率200％の場合、延床面積は200m²まで

容積率に関しては、都市計画で定める容積率以下であり、かつ、前面道路幅員が12ｍ未満である場合は、前面道路の幅員に自治体の定める一定率を乗じた数値以下であることが必要となります。

$$
\begin{array}{l}
\text{前面道路幅員} \\
\text{（4ｍ以上12ｍ未満）}
\end{array}
\begin{array}{l}
\times \ \dfrac{4}{10}\left(\dfrac{6}{10}\right) \ \text{（住居系8地域）} \\[2mm]
\times \ \dfrac{6}{10}\left(\dfrac{4}{10}\text{または}\dfrac{8}{10}\right)\text{（そのほかの地域）}
\end{array}
= \text{基準容積率}
$$

　なお、建蔽率も容積率もそれぞれ緩和措置が設けられており、内容に応じた細かい計算が必要となります。主な緩和措置をまとめると次のようになります。

建蔽率の緩和措置

❶ 特定行政庁の指定する角地などの場合 ⇒ 10％増し

❷ 防火地域内の耐火建築物の場合 ⇒ 10％増し

❸ 準防火地域内の耐火建築物又は準耐火建築物 ⇒ 10％増し

❹ 防火地域内（建蔽率80％指定）の耐火建築物 ⇒ 制限なし

容積率の緩和措置

❶ 駐車場などの床面積不算入（建築床面積の5分の1限度）

❷ 地下室の床面積不算入（住宅部分床面積の3分の1限度）

❸ 共同住宅の共用廊下、階段などの床面積不算入による暖和

覚える！

質問・相談のしかた

❶「指定建蔽率60％、対象地が角地に位置しますが、この場合、建蔽率の緩和（＋10％）の適用は可能でしょうか？」

❷「対象地が第1種住居地域で前面4ｍの道路に接しています。指定容積率は200％ですが、この場合の基準容積率はどうなりますか？」

❸「対象地が建蔽率、容積率の異なる2つの地域にまたがっていますが、この場合、どのような計算になりますか？」

［第 4 章］不動産調査の基本［役所編］

06 建築物の「高さ」制限

担当部署 都市計画課・建築指導課

Point

❶ 高度地区は最高限度または最低限度の規制あり
❷ 絶対高さ制限は原則10mまたは12mで指定
❸ 日影規制の対象は高さ10mを超える建築物

建築物高さ制限の目的は環境維持と日照確保

建築物の「高さ」に関する制限には、「高度地区」の指定、「絶対高さ制限」「日影規制」そして次節でお話しする「斜線制限」がありますが、1番の目的は環境維持と日照確保にあります。

高度地区

建築物の高さの「最高限度」または「最低限度」を、都市計画で定めます。高度地区で定められる高さ制限は、第1種低層住居専用地域や第2種低層住居専用地域で定められる「絶対高さ制限」と違って、ほかの用途地域にも定められ、「斜線制限」などと組みあわせることで、各自治体ごとに具体的な制限内容を定めています。

ちなみに、高度地区で定める建物の高さの最高限度は、主に北側隣地の日照と通風確保、最低限度は土地の有効活用を目的に定められています。また、建築物の高さの制限を定めた高度地区に対し、容積率の最高限度と最低限度、建蔽率の最高限度と建築面積の最低限度を都市計画で定めた地域として高度利用地区がありますが、高度地区同様、建築物は都市計画の基準に適合するものであることが必要です。

99

絶対高さ制限

「**第1種低層住居専用地域**」「**第2種低層住居専用地域**」「**田園住居地域**」**に適用**され、原則は**建築物の高さ制限は10mまたは12m**で定められます。ちなみに高さ10m（12m）とはどのくらいの高さなのでしょうか。**ハウスメーカーの標準的な木造3階建住宅で高さ10m未満**です。わかりやすくいうと、建築目的が中層・高層を除く一般住宅であれば、特に厳しい規制ではないという判断ができるわけです。

対象地が絶対高さ制限が定められた地域とそのほかの地域にまたがる場合、絶対高さ制限が定められた部分のみ制限が適用されます。また絶対高さ制限には、次の場合で特定行政庁が認めたものに関しては緩和措置があります。

❶ 周囲に広い公園、道路、空地などがあり、住環境を害するおそれがないと建築審査会が同意し、特定行政庁が許可した建築物
❷ 学校そのほかの用途で、建築審査会が同意し、特定行政庁が許可した建築物

日影規制

日影規制の対象は、**原則、高さ10mを超える建築物**（第1種低層住居専用地域、第2種低層住居専用地域、田園住居地域では軒の高さが7mを超えるものまたは地階を除く階数が3以上のもの）となります。

日影規制は、原則、商業地域、工業地域、工業専用地域を除く地域で指定され、**冬至の日の午前8時から午後4時までの間、平均地盤面からの高さが1.5mから6.5m（用途地域ごとに指定）の敷地境界線の外側5mから10mの範囲（次頁図Ａ）と10mを超える範囲（次頁図Ｂ）の日影時間をそれぞれ制限**します。Ａ、Ｂで定める日影時間は、用途地域ごとに指定され、Ｂの規制はＡよりも厳しくなります。

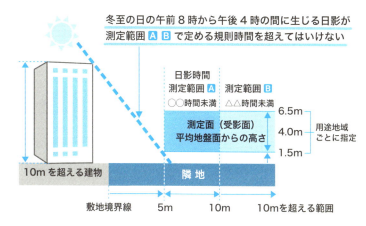

なお、日影規制に関する注意点をまとめると次のようになります。

> ❶ 同一敷地内に建築物が複数ある場合は、ひとつの建築物とみなして適用する
> ❷ 日影規制対象外にある建築物でも、高さが10m超で冬至日に対象区域内に日影を生じさせる建築物は、日影規制が適用される
> ❸ 建築物が日影規制の異なる区域にまたがる場合は、それぞれの区域に対象建築物があるものとして日影規制が適用される

質問・相談のしかた

❶「対象地が第2種高度地区にあるのですが、具体的な建築制限を教えてください」
❷「対象地が絶対高さ制限10mを指定された第1種低層住居専用地域と第1種住居地域にまたがっているのですが、制限はどのようになりますか？」
❸「対象地が日影規制の異なる地域にまたがっているのですが、制限の内容はどのようになりますか？」

[第4章] 不動産調査の基本 [役所編]

07 斜線制限

担当部署 建築指導課

Point

1. 道路斜線制限の目的は道路向い側の日照確保
2. 隣地斜線制限の目的は隣地の日照・通風確保
3. 北側斜線制限の目的は北側隣接地の日照確保

斜線制限とは勾配面による建築物の高さ制限

建築物の「高さ」に関する制限のうち、一定の**勾配面による高さの限度**を定めたもので、「道路斜線制限」「隣地斜線制限」「北側斜線制限」の3種類があります。

道路斜線制限

道路を挟んで向かい側の建築物の良好な環境、日照の確保を目的に、**道路の向い側境界線から一定距離の勾配面による高さの限度**を定めています。

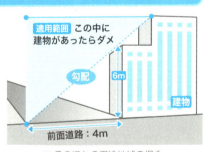

※ そのほかの用途地域の場合

具体的には、住居系地域では、道路向かい側境界線から1mにつき1.25m、そのほかの用途地域では、1mにつき1.5m上がる斜線の内側に建築物を建てることが必要となります。つまり、前面道路幅員10mの場合、敷地境界線における高さの限度が、住居系では12.5m、そのほかの用途地域では15mとなります。

なお、道路斜線制限は、すべての用途地域および用途地域の指定のない区域で適用されます。

> ❶ 道路から建物を後退して建築した場合、後退距離に応じ斜線制限が緩和される
> ❷ 敷地が角地の場合、それぞれの道路に対して斜線制限が適用される

隣地斜線制限

隣地の日照確保、通風確保を目的に、**隣地境界線から一定距離の勾配面による高さの限度**を定めています。

基本的な考え方は道路斜線制限と同じですが、隣地斜線制限の場合、隣地境界線から垂直に20m（特定行政庁で指定された地域では31m）の高さが無条件に与えられます。

具体的には、住居系地域（第1種低層住居専用地域、第2種低層住居専用地域、田園住居地域を除く）では隣地境界線上20mの高さで、隣地境界線から1mにつき1.25m、商業系、工業系の地域では隣地境界線上31mの高さで、1mにつき2.5m上がる**斜線の内側に建築物を建てなくてはなりません。**

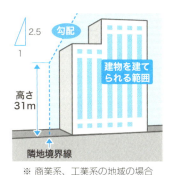
※ 商業系、工業系の地域の場合

> 第1種低層住居専用地域・第2種低層住居専用地域・田園住居地域は、絶対高さ制限（10mまたは12m）というもっと厳しい規制があるため、隣地斜線制限の適用はない

103

北側斜線制限

北側隣地の日照確保を1番の目的に、**北側隣地境界線から一定距離の勾配面による高さの限度**を定めています。「第1種・第2種低層住居専用地域・田園住居地域」では、北側境界線上5m、「第1種・第2種中高層住居専用地域」では北側境界線上10mの高さで、北側境界線上から1mにつき1.25m上がる斜線の内側に建築物を建てる必要があります。

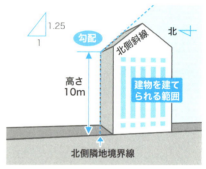

※ 第1種・第2種中高層住居専用地域の場合

❶ 日影規制が適用される第1種・第2種中高層住居専用地域では、規制の厳しい日影規制が適用され、北側斜線制限の適用はない
❷ 北側斜線制限の場合、道路斜線制限と違い、建物を後退して建築しても規制が緩和されることはない

考えろ！ 質問・相談のしかた

❶「対象地が角地となるのですが、道路斜線制限はどのようになりますか？」
❷「対象地が第1種低層住居専用地域で絶対高さ制限（10m）の規制があるのですが、隣地斜線制限の取り扱いはどのようになりますか？」
❸「対象地が第1種中高層住居専用地域で日影規制の適用があり、北側斜線制限の規制と内容が異なるのですが、規制の内容はどのようになりますか？」

［第4章］不動産調査の基本［役所編］

08 敷地面積の最低限度
担当部署 都市計画課・建築指導課

Point
❶ 制度の1番の目的は良好な住環境の維持保全
❷ 建築基準法で定める最低限度の上限は200m²
❸ 既存建築物と分筆時期により救済措置もある

敷地面積1m²の差が評価の明暗を分ける

　敷地面積の制限は、**大きい敷地を小さく分割するミニ開発を防止**し、良好な住環境を維持、保全することを目的とし、都市計画で定められた制度です。

　敷地面積の制限　建築基準法で定める最低限度の上限は200m²となりますが、住居系の用途地域を中心に最低限度を80m²から150m²で定めている自治体が多い。

　たとえば、敷地面積の最低限度が100m²で定められている地域で、調査対象地の地積が199m²の場合、**間口の広い整形地であっても分筆はできないことを前提に評価する**必要があります。

　この敷地面積の制限に関しては、都心でマンションや敷地20、30坪ほどの戸建を扱う機会が多い不動産業者にとっては、もともと**「最低限度」という認識が甘く、大きなミスをしてしまう「盲点」**になります。前述のように200m²弱の土地を査定する際、2区画に分筆する前提で収支を試算し、依頼者に評価額を提案してしまうといった失敗をしないよう注意が必要です。

105

敷地面積の最低限度の制度には、次のような救済措置があります。

❶ 敷地面積の最低限度に満たない土地にある既存建築物に対しては、敷地面積の制限を適用しない
❷ 分筆により敷地面積の最低限度に満たない土地となった場合、分筆時期が自治体の制度導入時期より前の場合、建物の建築が認められる場合がある

この救済措置の中でも、特に❷が重要です。敷地の分筆時期に関しては、第3章でもお話ししましたが、**登記簿謄本表題部の「原因及びその日付」の記載内容により確認**することができます。ただし**救済措置に関しては、各自治体の判断に委ねられる内容なので、詳細を詳しく確認**する必要があります。

宅建業者として大切なこと 敷地の最低限度は、1m²の差であっても評価の明暗が分かれる非常に重要な制度。宅建業者としては、依頼案件の地積、購入者の使用目的とともに自治体の定める制度の内容を十分に確認し、より慎重に判断する

● 敷地の最低限度100m²の場合

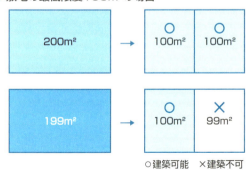

○建築可能　×建築不可

106

ここで、実際に私が経験した相談案件のお話をしましょう。

　相談者は長年所有している不動産の売却を検討する80代の地主さん。調査地は敷地面積の最低限度が100m²と定められた地域内にある敷地面積95m²の土地（更地）で、登記簿謄本によると昭和55年に分筆されています。面積的には自治体の定める最低限度を満たしていないため、制度導入時期によっては最悪の結果が予想されます。祈るような気持ちで自治体に制度導入時期を確認したところ、昭和53年の導入であることがわかり、結果、救済措置の適用も難しく、建物も建築できないという判断になりました。このように敷地面積の最低限度を下回り、救済措置の適用も受けられない土地の場合、宅地としては評価対象外（値段をつけられない）となり、残された道は隣地を買い取るか、隣地所有者に買い取ってもらうしか打つ手がありませんが、いずれにせよ容易に進められる内容ではありません。

　当時、この地主に分筆と売却の話を持ちかけた不動産屋が悪意であったのか、制度自体を知らなかったのかは定かではありませんが、建物を建築できない土地と知らずに、長年大切に所有し続けてきた相談者のダメージは相当なものでした。これは分筆から数十年後に発覚した「歴史の傷跡」とも呼べる案件のひとつです。

質問・相談のしかた

❶「調査地が第1種低層住居専用地域にありますが、敷地の最低限度の定めはありますか？」

❷「敷地の最低限度が100m²で定められていますが、対象地の地積が95m²しかありません。現在の建物の取り扱いはどのようになりますか？」

❸「敷地の最低限度が100m²で定められており、対象地の地積が95㎡です。調査の結果、過去に分筆していることがわかっているのですが、制度の導入時期はいつでしょうか？　分筆時期が制度導入前の場合、救済措置の適用は可能でしょうか？」

[第4章] 不動産調査の基本 [役所編]

09 都市計画道路の確認法

担当部署 都市計画課・建築指導課

Point

❶ 都市計画道路は既存道路拡幅と新道路の建設
❷ 都市計画道路は計画決定と事業決定の2段階
❸ 新築または増築の許可は計画決定段階まで

都市計画道路の恩恵は工事完成、供用開始から

　都市計画道路に関しては、調査内容の中でも非常に重要であるにもかかわらず、若手の営業マンが見落としがちなポイントです。

　都市計画道路には、**既存の道路を拡幅する場合**と**新たに道路を造る場合**とがあるので、都市計画地図で慎重に確認します。

　都市計画道路には、❶計画決定と❷事業決定の2段階がありますが、**建物の新築や増築が許可されるのは、❶計画決定の段階まで**であり、❷事業決定段階では、災害時の応急措置による建物など、一部の建築物しか許可されません。また建築が許可される場合でも、「容易に移転、除去できること」を前提とした建築制限が都市計画法第53条で定められています。確認内容と重要ポイントは次のようになります。

❶ 計画決定 ⇒ 計画決定されているが、事業着手の時期等は未定
　　確認点　計画決定期日、計画決定番号、事業決定の予定の有無
❷ 事業決定 ⇒ 計画道路内の土地収用、立退き交渉、工事の着工段階
　　確認点　事業の開始時期、完了予定時期
❸ 都市計画道路による建築制限 ⇒ 原則、次の条件を満たす場合であれば、建築が許可される

@ 地階を有しない階数が2以下であること

ⓑ 主要構造部が木造、鉄骨造、コンクリートブロック造などであること

❹ 目的地が都市計画道路と重なる場合

確認点 都市計画道路が重なる部分、具体的な建築制限の内容

都市計画道路に関しては、**1度、計画決定されると何年先に事業決定されるかわからない計画に対して、地権者は厳しい制限を受け続ける**ことになります。業界内でも「あ～あの路線ね」といった感じで、計画決定後何年も進捗のないまま塩漬け状態が続き、結果、計画の見直しにより廃止となるケースもあります。

これでは、都市計画道路予定地の地権者はたまったものではありません。最近では、**長期で事業化の見通しのない都市計画道路を「緩和路線」と指定し、建築制限に対する一定の緩和規定を設ける自治体も増えてきました。**緩和規定の内容は自治体によりますが、主な規定内容は次のようになります。

❶ 地階を有しない階数が3以下、高さが10m以下であること

❷ 主要構造部が木造、鉄骨造、コンクリートブロック造などであること

都市計画道路についての質問・相談のしかた

❶「この都市計画道路は、計画決定ですか？　事業決定ですか？」

❷「計画決定期日、計画決定番号、事業決定の予定はありますか？」

❸「事業決定となりましたが、開始時期と完了予定はいつでしょうか？」

❹「調査対象地が都市計画道路と重なっているようですが、具体的にどの部分まで重なっているのか書類で確認できますか？　あと新築する場合の具体的な建築制限の内容も教えてください」

109

［第4章］不動産調査の基本［役所編］

10 開発許可

担当部署 開発指導課

Point

❶ 開発行為は建築目的の土地区画形質変更行為
❷ 許可が必要な開発行為は原則1,000m²以上
❸ 詳細確認は開発登録簿と土地利用計画図で

近隣の開発予定と調査対象地への影響を調査

開発許可制度とは、**市街化区域および市街化調整区域に関する都市
計画が定められた都市計画区域内で、宅地造成など一定規模以上の開
発行為を行う場合に、知事または政令指定都市の長の許可を必要とす
る制度**です。

開発行為 建築物の建築や特定工作物の建設を目的とする土地の区
画形質の変更行為のことであり、許可が必要となる開発行為は、市
街化区域内では政令で原則1,000m²以上、三大都市圏の一定の地
域では500m²以上とされている

調査対象地が上記のような開発エリア内やその周辺にある場合、**「開
発登録簿」「土地利用計画図」**を参照し、**「開発許可」「宅地造成許可」
「旧住宅地造成事業許可」**を確認します。確認の結果、調査地近隣で大
型の開発が予定されている場合、開発の詳細や調査対象地への影響を
詳しく調査する必要があります。

110

開発登録簿・土地利用計画図の確認ポイント

❶ 開発許可番号、開発許可年月日
❷ 開発許可を受けた者、工事施行者の住所・氏名
❸ 予定建築物　❹ 工事完了検査済証発行年月日
❺ 開発道路の幅員、隅切り、転回広場、生活配管経路など

　なお、すべての開発行為に許可が必要ということではなく、次の場合は許可が不要となるので覚えておきましょう。

開発許可が不要となる場合

❶ 小規模開発の場合
　ⓐ市街化区域⇒1,000m²未満の開発行為
　ⓑ非線引き都市計画区域⇒3,000m²未満の開発行為
　ⓒ準都市計画区域⇒3,000m²未満の開発行為
　ⓓ都市計画区域外・準都市計画区域外⇒1ha未満の開発行為
❷ 公益上必要な建築物（公民館、図書館、博物館　など）
❸ 都市計画事業、土地区画整理事業、市街地開発事業として行う場合
❹ 市街化調整区域における農林漁業用建築物（畜舎、温室、農林漁業者の住居など）

覚える！
質問・相談のしかた

❶「調査地の近隣で宅地造成など、開発許可の記録はありますか？」
❷「調査地の隣に大きな空地があるのですが、開発許可の記録はありますか？」
❸「開発登録簿、土地利用計画図など、開発許可の詳細資料をお願いします」

[第4章] 不動産調査の基本［役所編］

11 土地区画整理事業

担当部署 開発指導課

Point

❶ 土地の提供を受け、換地として再配置する事業
❷ 公共減歩は公共施設用地としての土地提供
❸ 保留地減歩は事業費確保のための土地提供

土地区画整理事業では、清算金の確認が最重要

　土地区画整理事業とは、**道路や公園などの公共施設が未整備な区域において、土地の地権者から少しずつ土地の提供を受け、公共施設を設置、区画整理後の整形された土地を「換地」として再配置する事業**をいいます。土地区画整理区域内の土地所有者には、事業前に土地から移動してもらうために代わりの土地を割りあてることになります。この土地を「仮換地」といい、通常は「仮換地」が「換地」となります。また、土地区画整理事業後は、個々の土地の面積が減少することになりますが、これを「減歩」といい、次の2種類があります。

❶ 公共減歩 ⇒ 新たな道路や公園など、公共施設用地に充てるため、土地所有者の土地が減ること

❷ 保留地減歩 ⇒ 土地区画整理事業の事業費確保を目的に、土地所有者が土地を出しあって保留地を設け、保留地を処分することによって事業費に充てます。この保留地を確保するために土地所有者の土地が減ること

再配置された換地はすべてが均等にはならず、ある程度の不均衡が生じますが、そのために徴収または交付される金銭を「清算金」といいます。**土地区画整理事業による換地の基本的な考え方では、面積は整理前よりも減少しますが資産価値は上がる**ことになります。

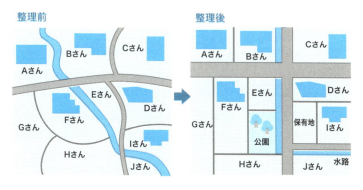

例 整理事業前の価格 ⇒ 事業後の価格 ⇒ 清算金
1,500万円   1,700万円   200万円（徴収）

宅建業者としては、**目的とする不動産が土地区画整理区域内にある場合、取引後に清算金の発生を巡りトラブルとならないよう、事業の内容、清算金の有無などをしっかりと担当部署で確認しておく**必要があります。

質問・相談のしかた

❶「この土地を調査中ですが、この地域に土地区画整理事業はありますか？」
❷「調査地が土地区画整理区域内にありますが、事業後の清算金はありますか？」
❸「登記に仮換地証明書が必要なのですが、申請に必要な書類を教えてください」

[第4章] 不動産調査の基本 [役所編]

12 土壌汚染対策法指定区域
担当部署 環境課

Point
❶ 汚染の程度により**2種類の区域区分**がある
❷ 要措置区域では**土地の形質変更は原則禁止**
❸ 要措置区域では**汚染の除去などの措置が必要**

危険物取扱工場、ガソリンスタンド跡は要注意

　土壌汚染対策法では、**国民の健康を保持することを目的に、土壌汚染の可能性の高い土地の所有者らに対して土壌汚染状況調査を義務づけています。**

　調査の結果、土壌中に「**特定有害物質**」が存在し「**土壌汚染**」が判明した場合、汚染の程度により次のいずれかの指定がなされます。ちなみに特定有害物質としては、車の排気ガスに含まれる「**VOC（浮遊粒子状物質および光化学オキシダント）**」や「**ヒ素**」「**ホウ素**」「**フッ素**」などが指定されています。

❶ 形質変更時要届出区域 ⇒ 土壌汚染はあるが、健康被害が生ずる危険性がないと判断された区域
❷ 要措置区域 ⇒ 土壌中の特定有害物質により健康被害の危険性があると判断された区域

　「**形質変更時要届出区域内**」の場合、現状のまま使用するのであれば届出は必要ありませんが、**土壌の掘削や用途の変更といった土地の形質変更を行う場合、形質変更に着手する14日前までに都道府県知事**

114

への届出が必要となります。

「要措置区域」に指定された場合、「都道府県知事の指示する措置（汚染の除去など）」を講じることが必要とされ、**土地の形質変更は原則禁止**されています。

> **都道府県知事の指示する措置とやるべきこと**
>
> ❶ 摂取経路の遮断⇒完了確認後、要措置区域の解除および形質変更時要届出区域の指定
>
> ❷ 汚染の除去⇒完了確認後、要措置区域の解除

> **宅建業者として大切なこと**　特に危険物取扱工場やガソリンスタンド跡の土地を調査、取引する際は、十分な調査が必要

実際、土壌汚染が発覚し土壌改良工事が必要となると、何百万円から何千万円という費用が必要になる場合があります。調査時点では建物のない更地であっても、**売主や近隣住民からのヒアリング、法務局での「閉鎖事項証明書」の取得、「過去の住宅地図」での確認**など、役所の担当部署での確認に加え、十分な調査をしておきたい重要ポイントです。

質問・相談のしかた

❶「この土地の周辺に土壌汚染のあった所はありませんか？」

❷「周辺に区域指定された場所があれば届出簿を見せてください」

❸「調査地が形質変更時要届出区域に指定されていますが、将来的な土地の形質変更時の届出手続きについて教えてください」

❹「調査地が要措置区域に指定されているのですが、区域指定の解除のために必要となる措置を教えてください」

115

[第4章] 不動産調査の基本 [役所編]

13 埋蔵文化財包蔵地
担当部署 教育委員会・文化財保護課

Point
1. 周知の埋蔵文化財包蔵地内では届出は必須
2. 遺跡が出たら工事計画変更か発掘調査が必要
3. 発掘調査費用は開発者（土地所有者）負担

出てきたら大変！　埋蔵文化財

「埋蔵文化財包蔵地」とは、貝塚、古墳、土器、石器などが土中に埋もれている土地をいい、その中でも、すでに埋蔵文化財の存在が確認されている土地を「周知の埋蔵文化財包蔵地」といいます。

対象地が周知の埋蔵文化財包蔵地にある場合　建築工事の際には、規模に関係なく工事着手の60日前までに教員委員会への届出が必要となり、その後、現地調査、試掘へと進められる。また、自治体によっては周知の埋蔵文化財包蔵地に近接する場所でも届出が必要となる場合があるので、確認が必要

この試掘により遺跡が存在しないこと、あるいは工事が埋蔵文化財に影響しないことが確認できればいいのですが、**遺跡が確認され、工事の影響があると判断された場合は大変です。この場合、工事自体の計画を変更するか、工事着手前に本格的な「発掘調査」を行い、文化財の記録を残すことが義務づけられます。**

発掘費用は、営利を伴わない個人住宅を除き、原則、開発者負担であり、工期も大幅に遅れ、想定外の負担を負うことになります。

116

周知の埋蔵文化財包蔵地に関しては、自治体のホームページで分布図を確認できるので、**調査地が埋蔵文化財包蔵地に近接する場合、必ず、担当窓口で確認する**ようにしましょう。

私のお客様で、はじめてのマイホームへの喜びからか心が浮き足立ち、私が重要事項で説明している間も「宝物が出たらお金持ちになれるね！」と夫婦で大はしゃぎしていた人を今でも覚えていますが、本当に遺跡が出てしまったら冗談ではすみません。

宅建業者として大切なこと　埋蔵文化財包蔵地内にある物件を取り扱う場合、教育委員会で届出からの具体的な流れ、発掘調査となった際の費用負担などを確認し、依頼者に十分な説明をしておく

まめ知識　埋蔵文化財が出た！　そのあとはどうなるの？

　文化庁の発表では、周知の埋蔵文化財は全国で約46万個所あり、毎年9,000件程度の発掘調査が行われています。発掘調査で発見された出土品は原則、発見者が所轄の警察署長に提出し、文化財の可能性があるものは都道府県、政令指定都市および中核市の教育委員会が鑑定を行います。鑑定の結果、文化財であると認められたもので所有者が判明しないものは、都道府県に帰属されることになります。

覚える！　質問・相談のしかた

❶「この土地を調査中ですが、周知の埋蔵文化財包蔵地に該当しますか？」
❷「周知の埋蔵文化財包蔵地内で建築工事を行う場合、どのような手続きが必要ですか？」
❸「発掘調査が必要となった場合、誰が費用負担することになりますか？」

[第4章] 不動産調査の基本 [役所編]

14 造成宅地防災区域、津波災害警戒区域、土砂災害警戒区域

担当部署 防災課・河川課

Point

① 造成宅地防災区域では擁壁設置勧告・命令も
② 津波災害警戒区域は対象区域、浸水深を説明
③ 特別警戒区域内では建築物の構造規制がある

造成宅地防災区域

「造成宅地防災区域」とは、宅地造成工事規制区域外の造成宅地で、地震などによって崖崩れ、土砂の流出など、災害が発生するおそれがあるとして、都道府県知事が「宅地造成等規正法」により指定した区域。

区域内の造成宅地の所有者などは、災害による被害が生じないように、「擁壁」の設置など、必要な措置を講じるよう努めなくてはなりません。都道府県知事は、造成宅地防災区域内の土地所有者、管理者、占有者に対し、災害防止のために必要な措置を講ずるよう勧告や改善命令を行い、必要があると認めるときは、造成宅地内への立入検査を行うこともできます。なお、都道府県知事が造成宅地の所有者などに行う「防災措置命令」には、擁壁の設置のほか、擁壁改造、地形や盛土の改良工事などがあります。

宅建業者として大切なこと 対象地が造成宅地防災区域内にあるときは、必ず重要事項説明で「造成宅地防災区域にある旨」を説明しなくてはならない

118

津波災害警戒区域

津波災害警戒区域とは、**津波による**河川氾濫、内水氾濫**など、住民の生命や身体の危険が想定され、**警戒避難体制**を整備すべき区域として、都道府県知事が津波防災地域づくりに関する法律により指定した区域**です。津波災害警戒区域では、津波発生時における避難場所、避難施設が指定されています。

> 宅建業者として大切なこと　調査地が「津波災害警戒区域にある場合、「洪水ハザードマップ」で、浸水が想定される区域と浸水深（洪水や津波などで浸水したときの、水面から地面までの深さ）、避難勧告などについて調査し、重要事項説明時に説明しなくてはならない

津波災害警戒区域の中でも、津波災害により建築物が損壊または浸水し、住民の命や身体に対する著しい危害が想定されるとして、一定の開発行為や建築物の建築、用途の変更を制限するべきと指定された区域のことを「津波災害特別警戒区域」といいます。

宅建業者は、対象地が津波災害特別警戒区域にある場合は、重要事項説明で「津波災害特別警戒区域にある旨」と「開発行為、建築物の建築、用途変更の制限がある旨」の説明が必要になります。

ハザードマップとは

ハザードマップとは、地震、噴火、津波など、自然災害による被害を予測し、被害範囲、避難場所、避難経路などを地図化したものをいいます。ハザードマップの目的は、災害発生時に住民が沈着冷静に避難し2次災害による人的被害を低減させることにあります。なお、主なハザードマップの種類は次のとおりとなります。
- ⓐ 洪水ハザードマップ⇒津波浸水、河川氾濫、内水氾濫
- ⓑ 土砂災害ハザードマップ⇒土石流の発生、がけ崩れ
- ⓒ 火山ハザードマップ⇒火砕流、溶岩流、火山灰

土砂災害警戒区域

「土砂災害警戒区域」とは、土砂災害による住民の生命や身体の危険が想定される区域に関し、都道府県知事が地形、地質、土地利用状況の調査を行い、「土砂災害防止法」により指定する区域で、「土砂災害警戒区域（イエローゾーン）」「土砂災害特別警戒区域（レッドゾーン）」があります。それぞれの区域での制限をまとめるとこうなります。

❶ 土砂災害警戒区域⇒警戒避難体制の整備を図ることが義務づけられる

❷ 土砂災害特別警戒区域⇒警戒避難体制の整備、特定開発行為の許可制、建築物の構造規制、建築物の移転などの勧告が都道府県知事によってなされる

宅建業者として大切なこと　対象地が「土砂災害警戒区域や土砂災害特別警戒区域である旨」を必ず重要事項説明で説明しなくてはならない

質問・相談のしかた

❶「現在この土地を調査中ですが、造成宅地防災区域に該当しますか？」

❷「この土地を調査中ですが、この区域の浸水深、浸水履歴を教えてください」

❸「対象地が土砂災害警戒区域にあるのですが、具体的な建築物の構造規制があれば教えてください」

120

[第4章] 不動産調査の基本 [役所編]

15 道路の種類と接道状況

担当部署 建築指導課・道路課

Point

❶ 建築物の敷地は接道義務を満たすことが必要
❷ 幅員4m未満の道路ではセットバックが必要
❸ 旗竿地は接道部分と路地上部分の幅員が重要

不動産の本当の価値は道路づけで決まる

　不動産調査の最重要項目に「道路」があります。道路に関しては、不動産業者だけでなく金融機関が担保評価を行ううえでも特に重要視される内容です。

　ではなぜ、不動産の数ある法規制の中でも、道路が最重要とされるのでしょうか。その理由は、建築基準法第43条に定める「接道義務」にあります。

接道義務 建築物の敷地は、幅員4m以上の「建築基準法上の道路」に2m以上接しなければならないとする定め

　不動産業界では、道路幅が広く整備され、敷地の間口がゆったりと広い物件を「道路づけのいい物件」と呼びます。一方、不動産情報でよく目にする「再建築不可物件」の多くは、この接道義務を満たしていない物件です。

　建物は年月が経てば古くなります。高級仕様で建築された豪邸でも老朽化は避けられません。しかし、道路づけのいい土地はいつの時代でも通用します。**面積が大きく間口の広い土地であれば分筆して有効**

121

性を高めることも可能です。そう、**不動産市場で最後に物をいうのが道路づけ**なのです。

道路とは？

では、「道路」とは何でしょうか。地上数十メートルに位置する高架道路も道路です。人ひとりが通り抜けするのがやっとの狭い路地も道路です。でも、不動産の価値を決める「道路」にはしっかりとした定義があります。それが、**接道義務に定める「建築基準法上の道路」**となります。

建築基準法上の道路には、大きく次の6つの種類があります。

---

❶ 42条1項1号（道路法による道路）⇒ 国道、都道府県道、市区町村道で幅員4m以上の道路

❷ 42条1項2号（2号道路）⇒ 都市計画事業、土地区画整理事業などによって築造された幅員4m以上の道路

❸ 42条1項3号（既存道路）⇒ 建築基準法施行時にすでに存在した幅員4m以上の道路（公道・私道とも）

❹ 42条1項4号（計画道路）⇒ 都市計画法、土地区画整理法などで2年以内に事業が行われるものとして特定行政庁が指定した幅員4m以上の道路

❺ 42条1項5号（位置指定道路）⇒ 宅地造成と並行して造られた一定基準に適合する私道で、特定行政庁から位置の指定を受けた幅員4m以上の道路

❻ 42条2項（2項道路）⇒ 建築基準法施行時にすでに建築物が建ち並んでいた幅員4m未満の道路で、特定行政庁が指定したもの

> **宅建業者として大切なこと** 道路調査の1番の目的は、調査地がこの「建築基準法上の道路」に2m以上接しているかを判断すること。そのうえで特に注意すべき内容が❻の42条2項（2項道路）の取り扱い

建築基準法第42条2項では、敷地が接する道路が幅員4m未満の場合、道路中心線から2m後退（セットバック）した線を道路境界線とみなし、建築しなくてはならないと定めています。ただし、道路向い側が川や崖地、線路敷などで道路後退できない場合は、向い側の道路境界線から4mのセットバックが必要になります。

道路後退（セットバック）に関する重要ポイントをまとめると、次のようになります。

❶ 道路後退（セットバック）した部分は、「私道負担部分」となる
❷ 建蔽率、容積率など、建物を建築するうえで必要とされる建築基準法上の制限は、道路後退部分を除く「有効敷地面積」により計算される

● セットバックのイメージ

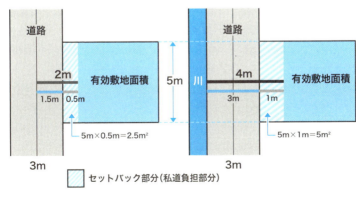

2項道路の取り扱い同様、**旗竿地（路地状敷地）**の場合も注意が必要です。旗竿地の場合、接道部分だけでなく路地状部分のすべての幅員が**2m**以上必要となります。したがって、**接道部分が2m以上でも路地状部分に2m未満の個所があれば、接道義務を満たしていないという判断**になります。

● 旗竿地のイメージ

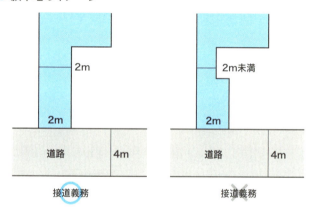

では、接道義務を満たしていない土地はすべて「建築不可」という判断になるのでしょうか。答えは、**原則は建築不可ですが、すべてが不可というわけではありません。**

建築基準法には一定の要件を満たせば建物を建築できるという救済措置があり、これを「**建築基準法第43条第2項第2号許可**」といい、国土交通省令で定める基準は、次のいずれかを満たせば救済措置を受けられます。

❶ 敷地の周囲に公園、緑地、広場などの広い空地がある
❷ 敷地が農道や類する公共の道（幅員4m以上のもの）に2m以上

接している

❸ 敷地が建築物の用途、規模、位置、構造に応じて、避難および安全のために十分な幅員を有する道路に通ずるものに有効に接している

宅建業者が、道路調査を行ううえでの重要ポイントをまとめてみました。

❶ 調査地の道路は「建築基準法上の道路」であるか「種別」を確認する
❷ 公道の場合、「名称」と「認定幅員」を確認する
❸ 私道の場合、「位置指定の有無」を確認する
❹ セットバックが必要な場合、後退距離と道路中心線確定の有無を確認する
❺ 旗竿地の場合、接道部分と路地状部分の幅員を確認する

質問・相談のしかた

❶「前面道路が公道ですが、道路の名称、認定幅員を教えてください」
❷「前面道路が私道ですが、位置指定がなされているか教えてください」
❸「路線の最大幅員、最小幅員が記載されていますが、この物件の接道部分の道路幅員はどのように調べたらいいですか？」
❹「何mセットバックしたらいいですか？　道路中心線は確定していますか？」
❺「事前の調査で接道義務を満たしていないことが確認できていますが、この土地の場合、どのような条件が整えば建物を建築することができますか？」

[第 4 章] 不動産調査の基本［役所編］

16 ライフラインの調べ方

担当部署 上下水道課・ガス会社・電力会社

Point

❶ 上水道は口径 13mm の引込管に注意が必要
❷ 下水道調査は排水処理方法の特定からはじめる
❸ ガス調査はプロパンガスの契約内容に注意
❹ 電気は電気容量と配線経路の確認からはじめる

ライフライン調査の目的は現況把握と改善提案

　上水道、下水道、ガス、電気といった生活に必要な**ライフラインは、現況の調査に留まらず、問題点、改善点があれば、依頼者（売主や買主）に最優先で対応するように提案しなくてはならない重要項目**です。現地調査の確認内容をもとに調査を進めることになりますが、**調査のときは「委任状」や「媒介契約書」（調査に関する受任権限を記載したもの）を用意しましょう。**上水道の引込管調査など、これらの書類がなければ関連書類の閲覧ができないので、調査のときは常に携帯しましょう。

上水道の調査を行う

　上水道の調査は、**水道局や上下水道課で、「水道台帳」「埋設状況図」の閲覧**からはじめます。確認内容とそれぞれの注意点をまとめてみました。

❶ 引込管の口径を確認する

　現地の量水器の水道メーターに記載されいている口径と違いがないか確認します。引込管の口径には、「13mm」「20mm」「25mm」の

126

3種類があり、昔は13mmが主に使用されていましたが、現在は**20mm以上ないと水圧が弱く日常生活に不自由が生じる可能性が高い**でしょう。調査地が13mm管であれば20mm以上、特に二世帯住宅などであれば25mm管への変更を提案するようにします。

② 本管の口径と埋設位置を確認する

　特に本管の埋設位置は重要です。**本管の埋設位置が前面道路の対象地寄りであればいいのですが、反対側など、距離が長くなる**ほど、引込管の変更にかかる費用が高額となります。費用的には、対象地寄りの距離が短い場合で約50万円程度、引き込み距離が長く複雑な場合、約200万円ほど必要になる場合もあります。

③ 本管が公設管か私設管か確認する

　次に本管が「公設管」か「私設管」かを確認します。**前面道路が私道の場合は私設管の可能性があり、引込管の変更には本管所有者の同意だけでなく、負担金が必要になる**ケースもあります。特に引込管の口径変更に対しては制限があり、変更できない場合もあります。その場合、対象地から離れた公設管からの引き直しが必要になり、買主が想定外の負担を負う危険性もあるので、注意が必要です。

下水道の調査を行う

　下水道に関しては、下水道台帳で本管、引込管に関する口径、埋設位置、公設管・私設管の別を確認します。

　排水には、「汚水」（トイレ）、「雑排水」（キッチン、浴室、洗面）、「雨水」の3種類があり、これらの排水が「最終枡」から敷地外へと排出されます。排水処理の方法には、「浄化槽」と「下水道」があります。

　浄化槽の場合、浄化槽交換費用で約130万円程度、**定期的に点検、清掃などのメンテナンス費用も必要**になります。耐用年数は30年程度となるので、古い建物を取り扱う場合、浄化槽の交換歴の有無は必ず確認するようにしましょう。また、市町村により補助金制度があるの

127

で、あわせて確認しておきましょう。下水道には、汚水、雑排水、雨水を同じ下水道管で排出する「合流式」と汚水・雑排水と雨水とを分離して排出する「分流式」があります。分流式の場合、雨水の処理方法として「雨水管」「側溝」「浸透処理」の別を確認します。

❶ 排水の種類 ⇒ 汚水、雑排水、雨水の３種類
❷ 排水処理方法 ⇒ 浄化槽、下水道の２種類
❸ 下水道の種類 ⇒ 合流式、分流式の２種類
❹ 雨水処理（分流式）⇒ 雨水管、側溝、浸透処理の３種類

ガス供給施設の調査を行う

　ガスに関しては、「都市ガス」と「プロパンガス」の２種類があります。
　都市ガスの場合、東京ガス、大阪ガスといった都市ガス会社がインターネットやFAXによるサービスを提供しており、本管、引込管、埋設位置などを確認することができます。
　次にプロパンガスの場合、各戸に個別に設置される「個別方式」と共同住宅などで利用される大型ボンベから各室に供給される「集中方式」があります。近年、プロパンガスは減少傾向にありますが、料金サービスなどもあり、都市ガス供給地域でもプロパンガスを継続使用している家庭もたくさんあります。プロパンガスの場合、ガス会社との間で利用期間を定めていることがあり、**不動産売買により所有者が変更する際に、都市ガスへ変えると違約金が発生するケースがある**ので、事前に契約内容などを十分に確認する必要があります。

❶ ガスの種類 ⇒ 都市ガス、プロパンガスの２種類
❷ プロパンガスの種類 ⇒ 個別方式、集中方式の２種類
❸ プロパンガスの利用期間の特約を確認

電気供給施設の調査を行う

　一般住宅の場合、「電気容量」と「配線経路」の確認が大切です。電気容量は、売主へのヒアリングや分電盤を確認することで判断できますが、問題は配線経路です。電気容量が小さく配線経路が分かれていない場合、エアコンとオーブントースターを同時に使用すると、即、ブレーカーが落ちてしまうことがあります。最近は家電製品の多様化に伴い、**エアコンなど容量の大きい家電に対しては配線を分けている建物が多い**のですが、築年数が古い建物の場合、電気容量が小さく配線経路が共通ということも多くあります。

> 宅建業者として大切なこと このような建物を取引する場合、電気容量の契約変更や配線経路の変更工事の必要性と費用を説明する

質問・相談のしかた

❶「上水道の本管と引込管の口径と埋設状況を教えてください。口径13mmの引込管を20mmに変更する際に必要となる手続きを教えてください」

❷「下水道の本管と引込管の口径と埋設状況を教えてください。下水道の排出方法は合流式ですか？　分流式ですか？」

❸「現在、プロパンガスを契約中ですが、都市ガスへの変更を検討しています。契約期間や契約期間内での解約の場合、違約金があれば教えてください」

❹「現在の電気容量が30アンペアですが、50アンペアに変更することは可能でしょうか？　可能な場合、配線工事は必要になりますか？」

129

[第4章] 不動産調査の基本［役所編］

17 建築計画概要書と台帳記載事項証明書

担当部署 建築指導課

Point

❶ 建築計画概要書では確認申請時の内容を確認
❷ 建築計画概要書をもとに現況との相違点を調査
❸ 台帳記載事項証明書で完了検査の有無を確認

書類取得の目的は建築確認申請時と現況の把握

　役所での調査の際、必ず取得しておく書類が「建築計画概要書」と「台帳記載事項証明書」です。この2つの書類を取得することで、建築確認申請時の内容や完了検査を受け、建築確認申請と同じ建物が建築されているかを確認することができます。

　宅建業者としては、これらの書類をもとにさらに詳しく確認すべき点があります。それが**「現況」との比較、「相違点」の確認**です。

建築計画概要書

　「建築計画概要書」は、建築確認申請後、確認済証が交付された物件に関し、一般に公開される書類で、建築確認申請時の概要が記載されています。この書類のポイントをまとめると次のようになります。

❶ 確認できる内容 ⇒ 建築確認申請時の計画内容である
❷ 実際の建物が申請どおりの内容で建築されたかどうかは確認できない

● 建築計画概要書サンプル

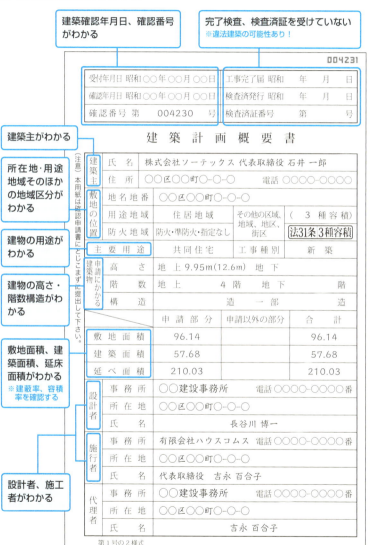

許可申請の内容と現況に相違点が多い場合、現在の建物が違法建築物であるか建築後に増改築がなされている可能性があります。建築計画概要書の確認ポイントは次のようになります。

- ❶ 建物と敷地の形状、位置関係は現況と一致しているか
- ❷ 土地の地積、建物の床面積、階数などは現況と一致しているか
- ❸ 道路との接道内容（道路幅員、接面長など）は一致しているか
- ❹ ２項道路の場合、道路中心線の決め方と後退距離はどうか
- ❺ 対象地に含まない隣接地をあわせて申請していないか
- ❻ 一戸建であるのに、連棟式住宅として申請していないか
- ❼ 既存不適格、違法建築の可能性はないか

台帳記載事項証明書

　「台帳記載事項証明書」は、建築確認申請後の「確認済証」、完了検査後の「検査済証」の交付記録（交付年月日、交付番号等）を記載した書類です。建物が古く、所有者も何代も代わってしまっていて検査済証が用意できないという場合には、台帳記載事項証明書によって完了検査を受けた建物であることが証明できます。

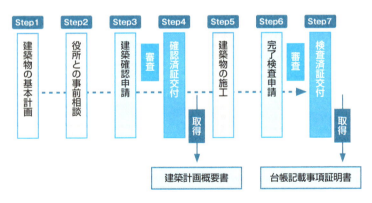

● 建築確認台帳記載事項証明書サンプル

建築確認台帳記載事項証明書

下記のとおり確認台帳に記載してある事項と相違ないことを証明します。

平成 ○○ 年 ○○ 月 ○○ 日

○○市長　○○ ○○

建築主の住所・氏名	住所　東京都○○区○○○-○-○
	氏名　株式会社　ソーテックス　代表取締役　石井 一郎
建 築 位 置	○○市○○町○-○-○
主 要 用 途	共同住宅
工 事 種 別・構 造	新築　　鉄骨造　　　　　　　地上 3 階 地下 0 階
建 築 物 の 面 積	建築面積　192.98 m²　延べ面積　429.05 m²
確認済証交付年月日・番号	平成 16 年 3 月 18 日　第　　OK00-0000　号
検査済証交付年月日・番号	平成 16 年 8 月 17 日　第　　OK00-0000　号
中間検査合格証交付年月日・番号	年　　月　　　日　第　　　　　　　　号
	年　　月　　　日　第　　　　　　　　号
	年　　月　　　日　第　　　　　　　　号

検査済証交付年月日と番号がわかる
重要 建築確認申請と同じ建物が
建築されていることがわかる

確認済証交付年月日
と番号がわかる

133

本当に大丈夫? 「新耐震基準の見極め方」

ひとつ質問です。調査地が「新耐震基準」で建築された建物であるかどうかは、どのように見極めたらよいのでしょうか。

ここで少し復習です。第2章10節「耐震診断結果の有無」でもお話ししましたが、昭和56年6月1日、建築基準法の改正により「新耐震基準」が導入され、昭和56年5月31日以前に建築確認申請を行った「旧耐震基準」の建物と強度上の区分がなされています。

最初の質問に対し最初に思いつくのは、「建築計画概要書」による建築確認年月日の確認です。調査方法的には「半分正解」ですが、「合格点」はつけられません。

なぜなら建築計画概要書では、建築確認申請時の内容は確認できますが、確認どおりに建築されたかどうかは「完了検査」を受け「検査済証」を取得しているかどうかによって判断することになるからです。

つまり、「建築計画概要書」で確認できる内容は新耐震基準で「設計」されているかであり、新耐震基準で「施工」されているかは「検査済証」か「台帳記載事項証明書」で確認することが必要になります。「書類」も「頭」も使い方次第ということですね!

 ## 質問・相談のしかた

❶「確認済証の番号や交付年月日がわからないのですが、建築計画概要書で建築確認申請時の内容を調べるには、どうしたらいいですか?」

❷「現況が建築計画概要書と一致していないようなのですが、原因としてはどのようなケースが考えられますか?」

❸「所有者が相続で何代も代わっていて検査済証があるかどうかわかりません。完了検査を受けているかどうかを調べるにはどうしたらいいですか?」

第5章 「不動産査定」に挑戦しよう

01 不動産の４つの「価格」を学ぼう
02 不動産の３つの「評価法」を学ぼう
03 最重要確認事項ベスト３
04 「不動産査定」は宅建業者の腕の見せ所
05 「面大減価」も地形と用途次第

「本物（プロ）」の宅建業者への最初の登竜門が「不動産査定」です。不動産査定は、不動産調査で得た「情報」を、「価格」という形で表す売主サイド最大の見せ場となります。

この章では、不動産の持つ「４つの価格」と不動産の価値を判断する「３つの評価法」の基本を学び、不動産の真の価値の見極め方、机上のデータを生きた情報として活用するテクニックを伝授します。

依頼者の意向を最大限に反映し、不動産の持つ魅力を最大限に引き出す力は、宅建業者として生きるうえでの財産となります。

[第 5 章]「不動産査定」に挑戦しよう

01 不動産の 4 つの「価格」を学ぼう

Point

❶ 固定資産税評価額は買主の諸費用計算に必要
❷ 路線価は土地の個別要素が反映されていない
❸ 公示価格には個別事情が反映されていない
❹ 実勢価格は個別要素と個別事情が反映される

宅建業者の役割は「勝負できる価格」の見極め

　まず、不動産査定の方法、手順を学ぶ前に、不動産に関する 4 つの価格について見ていきます。この 4 つの価格は、**宅建業者が「不動産の価格」を検討する際に基本**となるものであり、それぞれの価格の特性を十分に理解したうえで、**案件に応じた査定法を選択**します。

❶ 固定資産税評価額

　「固定資産税評価額」は、市町村が算定する固定資産税の基準となる**価格**であり、3 年に 1 度、評価替えが行われます。また、**不動産の購入時に必要となる登録免許税や不動産取得税の算定基準**であるため、資金計画を行ううえでは必ず把握しておくべき数字です。固定資産税評価額は毎年春ごろに不動産の所有者に送付される「納税通知書」か、市区町村役場の窓口で取得できる「評価証明書」で確認できます。

❷ 路線価

　「路線価」は、国税庁が発表する道路（路線）に面する宅地 1 ㎡あたりの土地評価額です。路線価は、相続税、贈与税の算定基準となる

ほか、金融機関が不動産の担保評価を行ううえで重要な参考価格として使用している数字です。

路線価は、国税庁のサイトにある「**財産評価基準書　路線価図・評価倍率表**」（https://www.rosenka.nta.go.jp/）で確認します。

> **例**　場所：東京都千代田区飯田橋○丁目○番○号、路線価：970C、
> 　　　　土地：100m²
> 　　　　所有権の場合⇒97万円／m²×100m²＝9,700万円
> 　　　　借地権の場合⇒97万円／m²×100m²×70％＝6,790万円

路線価は、1m²あたりの土地評価額が千円単位で明記されます。この例の場合「970」とあるので、**1m²あたり97万円**となります。

次に、数字の後に記載のあるアルファベットですが、これは所有権を100%とした場合の借地権割合を示しており、A（90%）、B（80%）、C（70%）、D（60%）、E（50%）、F（40%）、G（30%）と定められています。この例の場合「C」とあるので、**70%**となります。

路線価は計算が簡単でわかりやすいですが、そのまま引用するには少し問題があります。路線価を利用するうえでのポイントをまとめると次のようになります。

> ❶ 路線価には土地形状、位置関係などの個別要素が反映されていない。したがって整形地も旗竿地のような不整形地も、接面道路が同じであれば同じ評価となる
> ❷ 正確な評価額を算出するには、奥行価格補正率などによる調整が必要となる

「**奥行価格補正率**」とは、土地の奥行き距離に応じ定められた補正率で、土地の一面だけが接道している場合に利用します。奥行価格補正

137

率は、国税庁のサイトにある「奥行価格補正率表」（https://www.nta.go.jp/law/tsutatsu/kihon/sisan/hyoka_new/02/07.htm）で確認できます。

> **例** 路線価：200C、土地：270m²、奥行距離：30m、普通住宅地区
>
> 20万円／m² × 270m² × 0.95 ＝ 5,130万円

● 奥行価格補正率表（抜粋）

奥行距離（メートル）	ビル街地区	高度商業地区	繁華街地区	普通商業・併用住宅地区	普通住宅地区	中小工場地区	大工場地区
4未満	0.80	0.90	0.90	0.90	0.90	0.85	0.85
4以上6未満	0.80	0.92	0.92	0.92	0.92	0.90	0.90
6 〃 8 〃	0.84	0.94	0.95	0.95	0.95	0.93	0.93
8 〃 10 〃	0.88	0.96	0.97	0.97	0.97	0.95	0.95
10 〃 12 〃	0.90	0.98	0.99	0.99	1.00	0.96	0.96
12 〃 14 〃	0.91	0.99	1.00	1.00	1.00	0.97	0.97
14 〃 16 〃	0.92	1.00	1.00	1.00	1.00	0.98	0.98
16 〃 20 〃	0.93	1.00	1.00	1.00	1.00	0.99	0.99
20 〃 24 〃	0.94	1.00	1.00	1.00	1.00	1.00	1.00
24 〃 28 〃	0.95	1.00	1.00	1.00	0.97	1.00	1.00
28 〃 32 〃	0.96	1.00	0.98	1.00	0.95	1.00	1.00
32 〃 36 〃	0.97	1.00	0.96	0.97	0.93	1.00	1.00
36 〃 40 〃	0.98	1.00	0.94	0.95	0.92	1.00	1.00
40 〃 44 〃	0.99	1.00	0.92	0.93	0.91	1.00	1.00

● 路線価図サンプル

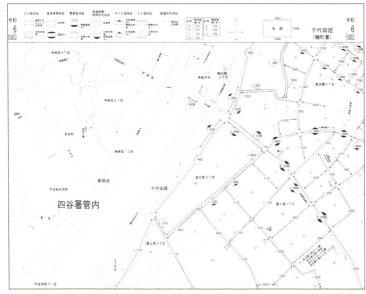

❸ 公示価格

「公示価格」は、「地価公示法」に基づき、国土交通省の土地鑑定委員会が全国で標準地を選定し、毎年１月１日時点での価格として公示しているものです。公示地価は、国土交通省の「国土交通省地価公示・都道府県地価調査の検索」（https://www.reinfolib.mlit.go.jp/landPrices/）で確認できます。

公示価格を利用する場合の留意点は、次のとおりです。

❶ 債務整理、相続による売り急ぎなど、物件の個別事情は考慮されていない
❷ 標準地の指定には用途、環境、地積、形状などが十分に考慮され

ており、極端に大きな土地や旗竿地のような不整形地は標準地に
指定されていない

❹実勢価格

「実勢価格」とは、実際に不動産を売却する場合、市場においてどの
程度の評価が可能かという時価のことで、**宅建業者や依頼者にとって
最も重要な指標**です。

実勢価格は、固定資産税評価額、路線価、公示価格などを参考に、目
的となる不動産の個別要素（土地の形状、利用状況、建物の状態など）
や個別事情（心理的瑕疵、債務整理、相続により売り急ぎなど）をす
べて考慮する必要があります。

宅建業者として大切なこと 　依頼を受けた不動産に関して説明する場
合、❶個別要素を考慮した価格はいくらか、❷個別事情を考慮する
といくらかといった感じで、段階的に算定の根拠を説明する

覚える！ 4つの価格の重要ポイント

❶ 固定資産税評価額は、登録免許税、不動産取得税の算定基準。時
　価の約70％と評価が低く、不動産査定の根拠としては不向きで
　ある

❷ 路線価は、相続税、贈与税の算定基準。個別要素を考慮した補正
　が必要だが、金融機関の担保評価にも利用される重要価格。時価
　の約80％である

❸ 公示価格は、標準地指定における要素の検討が十分にされている
　ので、地域相場の把握には有力だが、売却理由など、個別事情は
　反映されていない

❹ 実勢価格は、個別要素と個別事情を考慮した段階的な評価の検討
　が大切

[第5章]「不動産査定」に挑戦しよう

02 不動産の３つの「評価法」を学ぼう

Point

❶ 原価法では再調達価格を減価修正して評価
❷ 取引事例比較法では事例地の選択が最重要
❸ 収益還元法では還元利回りの見極めが重要

個別要素と個別事情を考慮した適正価格を導き出す

宅建業者や金融機関は、次の３つの評価法により不動産の評価を行います。

❶ 原価法 ⇒ 主に一戸建の評価に使用
❷ 取引事例比較法 ⇒ 主にマンション、土地の評価に使用
❸ 収益還元法 ⇒ 主に収益物件の評価に使用

宅建業者として大切なこと それぞれの評価法の特性を十分に理解し、案件ごとに最適な評価法を選択・併用することで、依頼者の売却目的を満たす評価額を導き出すこと

具体的な事例では次のようなものがあります。

例❶ 築後30年の一戸建だが、建物の維持管理状態がよいため、原価法だけでなく地域内相場を調べ、取引事例比較法を併用して補正率により調整を行う

141

例❷ 収益物件だが、土地の形状、道路づけ、建物の状態がよいため、収益還元法だけでなく原価法、取引事例比較法を併用し、適切な還元利回りを判断する

❶ 原価法

「原価法」は、現在の建物と同様の建物を新築した場合の価格（再調達価格）を計算し、経年による建物や設備の劣化を評価額から差し引く（減価修正）ことで建物評価を算定する評価法です。

建物評価額
$$= 建築単価（円／m^2）\times 建物面積 \times \left(1 - \frac{経過年数}{耐用年数} \right)$$

※建築単価は、国税庁のサイトにある「建物の標準的な建築価格表」(https://www.nta.go.jp/taxes/shiraberu/shinkoku/syotoku/joto/pdf/001.pdf) で確認します。

※耐用年数は、国税庁のサイトにある「耐用年数表」(https://www.nta.go.jp/taxes/shiraberu/taxanswer/shotoku/pdf/2100_01.pdf) で確認します。ただし、自己居住用の耐用年数は、事業用 × 1.5（所得税法施行令第85条）として計算します。

● 主な建物の耐用年数

構　造	事業用（賃貸）	自己居住用
木造、合成樹脂造	22年	33年
鉄骨造（骨格材肉厚3mm超）	27年	40年
鉄骨造（骨格材肉厚4mm超）	34年	51年
れんが造、石造、ブロック造	38年	57年
鉄筋コンクリート造	47年	70年

次に土地評価額に関しては、「❶路線価」を利用する場合と「❷実際の取引事例」をもとに評価単価を定める方法がありますが、まず路線価による評価を算出し、実際の取引事例により比較検討する方法が理想的です。

土地評価額 ＝ 実勢価格（時価）による単価（円／㎡）× 土地面積
※ 路線価は実勢価格（時価）の80%とします。

例　建物 ⇒ 用途：自己居住用、構造：木造、建築：築後８年、
　　面積：100㎡
　　※耐用年数：33年、建築単価：15万6,500円／㎡とします。

　　土地 ⇒ 面積：140㎡、路線価：18万円／㎡

建物評価額 ＝ 15万6,500円／㎡ × 100㎡ × $\left(1 - \dfrac{8}{33}\right)$
　　　　　　＝ 1,185万6,060円

土地評価額 ＝ 18万円／㎡ ÷ 80% × 140㎡
　　　　　　＝ 3,150万円

査定地評価額 ＝ 1,185万6,060円 ＋ 3,150万円
　　　　　　　＝ 4,335万6,060円

---

❷ 取引事例比較法

「取引事例比較法」は、査定地周辺地域で条件の類似する複数の成約事例地を選択し、形状、環境、方位などの個別要素を比較検討し、売却理由など、個別事情による修正を行う評価法で、主にマンションや土地の評価に適しています。

この評価法の１番のポイントは成約事例地の選択にありますが、宅建業者の場合、レインズの成約情報をフル活用します。ただ、レインズを利用する場合、条件の類似する成約情報が少なかったり、売出開

始から成約までの正確な時間が確認できないといった点も考慮したうえで、慎重に価格決定を行いましょう。

> 評価額 ＝ 事例地の単価（㎡）× 面積（㎡）× 補正率

　補正率は「勝負できる価格」を導き出すことを目的に、100%を基準に案件ごとの個別要素、個別事情を考慮して掛率を決定します。私の場合、**補正率をマイナス30%からプラス20%で調整**しています。

❸ 収益還元法

　「収益還元法」は、対象不動産が賃料により将来生み出すと予想される純利益から現在の不動産価値を決定する評価法です。わかりやすくいうと「**対象不動産がいくらであれば、将来にわたってどれだけの純利益を得ることができるか**」という視点で評価するわけです。収益還元法の具体的な計算式は次のようになります。

> 評価額 ＝ 1年間の純利益 ÷ 還元利回り × 補正率
> ※1年間の純利益 ＝ 1年間の総収入 － 1年間の諸経費（管理費など）
>
> **例** 家賃月額：12万円、管理費など：2万円、還元利回り：8%、
> 補正率：100%
> {(12万円 × 12カ月) － (2万円 × 12カ月)} ÷ 8%
> × 100% ＝ 1,500万円

　計算式でもわかるように、収益還元法では「収益性」のみ重視しており、不動産の個別要素がまったく反映されていません。したがって、費用をかけて建物をリフォームして付加価値をつけても、賃料に一定額以上の上昇が期待できなければ収益性はあがらず、評価額に反映されないということです。また、**期待する還元利回りをいくらで見るか**

によって、評価額が大きく変動していまします。

> **宅建業者として大切なこと** 収益性だけを重視せず、原価法により建物を評価し、取引事例比較法により土地の適正価格を評価して、「勝負できる還元利回り」「勝負できる価格」を見極めることが重要

収益還元法で「勝負できる還元利回り」を設定し、「勝負できる価格」を見極めるうえで、最も注意すべき内容は以下のとおりです。

❶ 空室リスク

中長期で見た場合の入居率、家賃変動率の予測が特に重要です。

❷ 修繕計画

外壁、屋根、給排水設備等、将来的な修繕計画は特に重要であり、過去の修繕履歴の確認は必須です。

❸ 管理費・修繕積立金改定予定（区分所有建物の場合）

修繕積立金累計額、大規模修繕工事の実施状況の確認は必須です。

覚えろ！ ３つの評価法の重要ポイント

❶ 原価法では、建物は修繕履歴や既存住宅状況調査の実施記録の有無による補正、土地は路線価から算定する時価と実際の取引事例による比較検討を行う

❷ 取引事例比較法を利用する場合、レインズの情報をもとに同業者への聞き込み調査を行い、適正な事例地選択と地域の相場勘を養って評価に反映させる

❸ 収益還元法では、還元利回りの設定が重要。原価法による建物評価、取引事例比較法による土地評価を並行して行い、適切な還元利回りを選択する

145

［第5章］「不動産査定」に挑戦しよう

03 最重要確認事項ベスト3

Point
❶ 売却理由により最優先すべき内容を把握する
❷ 査定は個別事情に基づく適切な補正が決め手
❸ 依頼者には査定額とともに査定の根拠を明示

実勢価格は個別事情による補正が決め手となる

宅建業者が不動産の評価を依頼され、「勝負できる価格」を見極めるためには、価格に直接影響を与える3つの項目を最優先で確認することが大切です。

❶ 売却理由 ⇒ 「なぜ」売却するのか
❷ 販売期間 ⇒ 「いつまでに」売却するのか
❸ 残債務　 ⇒ 「どれだけ」返済したらいいのか

ひと言で売却といっても、さまざまな「❶売却理由」があり、売却理由のなかには「❷販売期間」や「❸残債務」と密接に関わるものがあります。具体例を挙げると次のようになります。

❶ 自己破産を目的とした任意売却による処分
❷ 相続税の支払いを目的とした処分
❸ 離婚による財産分与を目的とした売却
❹ 買い換えを目的とした売却

たとえば、❶の自己破産による任意売却や❹の買い換えであれば、販売期間や残債務と深く関わり、かぎられた期間内に一定金額以上で売却することが条件となります。また、❷の相続税の支払いや❸の離婚による財産分与であれば、期間的な制約だけでなく、権利関係者の意向も考慮して価格に対する見極めをすることが必要になります。いずれの場合でも、価格が重要であることはいうまでもありませんが、**案件ごとの個別事情によって最優先すべき内容を見極め、第2節で査定した評価額に対する適切な補正を行い最終的な価格を決定する**ようにします。

宅建業者は、依頼者に対して査定額とともに査定の根拠を示すわけですが、次の2段階での価格を示し、査定の根拠を理解してもらうことが大切です。

> ❶ 売却理由、販売期間といった個別事情にかかわらず、売却が可能な場合の価格
> ❷ 最優先すべき個別事情を十分に考慮した場合の売却が可能な価格

わかりやすくいうと、「何カ月かかってもかまわないから、少しでも好条件で売る」という場合と「条件を満たすために、かぎられた期間内で売却しなくてはならない」という場合の違いを、依頼者に十分に理解してもらうことが大切です。

最重要確認事項と見極めポイント

❶ 依頼者に売却理由を確認し、価格決定の要素に優先順位をつける

❷ 金額最優先の場合、どれだけの販売期間が可能であるかを確認する

❸ 販売期間を最優先する場合、依頼者に売却可能な最下限額を提示する

❹ 価格決定するうえでは、必ず残債務弁済後に残る金額を明示する

［第5章］「不動産査定」に挑戦しよう

04 「不動産査定」は宅建業者の腕の見せ所

Point

❶ 耐用年数は維持管理状態により大きく異なる
❷ 成約価格同様、成約に至る背景を詳しく調査
❸ 不動産査定は地域全体を広く捉える感覚が大切

法定耐用年数だけにとらわれない

宅建業者が不動産の査定を行う場合、「原価法」などで建物の「構造別法定耐用年数」を使用しますが、必ず覚えておいてほしい内容があります。

それは**「法定耐用年数＝建物の寿命」ではない**ということです。法定耐用年数とは、減価償却費の算定基準として財務省令で定められた建物の使用可能年数であり、**耐用年数を経過したからといって、実際に建物が使用できなくなったり価値がなくなるということではありません。**

建築後20年経過している木造住宅でも、計画的に建物の外構や住宅設備類の改修工事を実施している物件と新築後1度も手を加えていない物件とでは、建物の状態も将来的に必要となる修繕費用も大きく異なります。

ここが、私たち宅建業者の査定した価格と金融機関の担保評価とに金額差が生じる理由です。金融機関が担保評価をするときも、法定耐用年数や路線価を使用して物件を評価します。しかし、**金融機関は宅建業者のように個別案件の細部に対する調査まではしません。**

であれば、計画的に繰り返し改修工事を行い市場で高く評価される物件ほど、金融機関の担保評価との格差が大きく融資づけが困難にな

るのではないかという疑問が生じます。この疑問に対する回答は第6章で詳しくお話ししますが、ここでの重要ポイントは、**金融機関は申込者の属性と担保評価の両面から審査を行い、担保評価に対する補正を行ったうえで最終的な融資額を決定している**ということです。

> **宅建業者として大切なこと** 個々の案件ごとの適切な耐用年数を見極め、各評価法による適切な補正を行い、勝負できる価格を導き出す

宅建業者の腕の見せ所は、**どこまで個別要素、個別事情を正確に捉え、補正率をどのように設定するか**で決まります。そして、融資づけを行う金融機関に対して、いかにして物件の「真の価値」をアピールできるかが重要なのです。

❶ 経年劣化の状態、重大な問題点の有無など、建物の現況を正確に判断する
❷ 過去の修繕履歴をもとに、中長期的に必要となる改修内容、改修費用を判断する
❸ 現況把握には、建築士、既存住宅状況調査技術者といった専門家にも意見を求める

成約価格だけでなく販売中の動向、販売期間に注目

「成約事例比較法」による「事例地選択」をしたり、地域的な相場を調査するときはレインズの情報を活用することになりますが、必ず**販売中の動向や成約までの販売期間といった、成約までの背景に注目する**ようにしましょう。

実際、都心を中心とした取り扱いの多い業者が、土地勘のない郊外の物件を取り扱うと、成約にかかる時間の読みが甘く苦戦を強いられる場合があります。

また、成約事例が複数ある場合は判断しやすいのですが、成約事例が少なくしかも単価的にも開きがある場合は、個別の成約までの背景が理解できないかぎり正確な評価を試算することは困難です。第2章でもお話ししましたが、**レインズの情報を活用するには、成約事例地の取り扱い業者への聞き込み調査が必須**です。業者の生の声を聞くことで事例地売却時の背景が理解でき、「机上のデータ」を「生きた情報」として活用することができるようになります。成約事例を利用するうえでのポイントをまとめると次のようになります。

> ❶ 査定地と条件の類似する成約事例をできるだけ多く集める
> ❷ 成約事例の取り扱い業者に販売期間中の動向、成約までの販売期間などを確認する
> ❸ 販売期間中の競合物件の有無など、成約までの背景を可能なかぎり聞き出す

坪単価ではなく地域全体を捉える感覚が大切

宅建業者が不動産評価を行ううえで最も大切なこと、それは「地域的感覚」を身につけることです。**個々の不動産に価格があるように、地域にも地域に相応しい価格帯が存在する**のです。不動産業者はどうしても個々の不動産の単価を意識しすぎる傾向にありますが、**地域全体を広く捉える感覚がなければ、本当に「勝負できる価格」を導き出すことは困難**です。3,000万円台の物件がよく動く地域もあれば、8,000万円を超える物件ばかりが動く地域もあるのです。

たとえば、はじめて不動産を購入する一次取得者層に支持される3,000万円台の需要が多い地域で、土地が広く高級仕様の8,000万円の物件を建築しても、買い手を見つけるのは困難です。逆に、8,000万円から1億円の豪邸が建ち並ぶ閑静な住宅街に3,000万円の物件を

新築しても、**地域的に「不釣あいな存在」**となってしまいます。

　不動産査定では「物件査定50%、地域査定50%」が鉄則です。

　それぞれの**地域には「地域内で求められる価値」**というものがあり、**その価値を持つ不動産が「地域的な価格帯」を形成している**のです。地域的に「不釣あいな存在」では、不動産の持つ本来の「魅力」は発揮されません。

地域同業者への聞き込み調査の重要性

　繰り返しになりますが、**不動産査定をするうえで、同業者への聞き込み調査は最重要**です。レインズの「机上のデータ」を「生きた情報」として活用することも、土地勘のない地域の住宅事情や地域性を理解し「地域的感覚」を養うことができるかも、同業者への聞き込み調査次第です。**本当に好成績を継続できる営業マンは、必ず同業者とのコミュニケーション力に長けていて、経験のない地域、複雑な案件でも、必ず成約に向けての「糸口」を見つけてくる**ものです。

`宅建業者として大切なこと` 成功するためには、同業者の持つ実績、その情報力に注目し、自らの営業に役立てようとする姿勢を持つこと

覚える！ 「不動産査定」プロの心得

❶ 法定耐用年数が建物の寿命ではない。既存住宅状況調査実施記録や改修工事履歴をもとに、建物の現況を正しく判断し、価格決定のための補正率を定める

❷ 成約事例の決め手は成約時の背景を調査すること。特に土地勘のない地域で短期間での売却が条件となる場合、販売期間に対する厳しい見極めが重要

❸ 不動産査定は地域全体の価格帯を捉える感覚が大切。物件だけでは50点、地域だけでも50点、両方を見極めて100点満点となる

[第5章]「不動産査定」に挑戦しよう

05 「面大減価」も地形と用途次第

Point

❶ 面大減価の根拠は需要限定と有効宅地減少
❷ 土地形状により有効性を高める分筆も可能
❸ マンション用地の場合、減価率軽減も可能

土地の価値は「量」ではなく「質」で決まる

不動産鑑定には「面大減価」という用語があります。**これは面積が大きい「面大地」や「大規模画地」の場合、面積が広くなればなるほど、土地の単価が低くなる**ことです。面大減価の根拠としては、主に次の内容が挙げられます。

❶ 土地購入者が一般消費者ではなく、建売業者、開発業者らにかぎられ、販売利益の確保、開発負担金や販売期間中の金利負担などによって、土地購入費が減価する

❷ 開発許可を受けるにあたり、道路の新設、公園といった公共用地の提供などの条件がついて、有効宅地が減少することで土地購入総額も減少する

宅建業者が面大地や大規模画地を取り扱ううえで、特に注意すべき内容が❷です。地方公共団体では、一定規模以上の宅地開発事業に対して「開発指導要綱」という開発規定を定めており、開発面積、戸数などにより、道路、駐車施設、公園などの設置を条件づけしている場合があります。規定内容は自治体によりさまざまですが、収益性を前

152

提とした開発事業では、有効宅地面積の減少や許可申請に必要とされる期間などが土地価格に与える影響は少なくありません。

　宅建業者としては、面大地や大規模画地の調査や査定を行う場合、必ず開発指導要綱の有無や規定内容を隅々まで確認し、査定の基準となる有効宅地面積を特定することが必要です。

　一方で、土地の面積が広くなることにより新たな可能性も生まれます。たしかに**需要と供給のバランスから考えれば、「数」が増えれば金額は下落する**傾向にあるのは事実ですが、**「面」が増えれば希少性や有効性が高まり金額に反映される**可能性があるのです。具体的には、次のようなケースがあります。

---

❶ 建物を建てにくい不整形地でも、同じような不整形地がまとまり、土地面積が広くなることによって建物の建築が可能となり、土地の有効性が高まる

❷ 土地の形状から開発道路を造ることなく複数に分筆できる場合、土地の有効性が高まり面大減価率を軽減できる。

❸ マンション用地として活用でき、容積率の緩和措置や共用部分、地階の住宅、自動車車庫などの容積率不算入により、一定以上の容積率が確保できる場合は面大減価率を軽減できる

　つまり、**面大減価も地形や用途次第**ということです。

　日常的に一般消費者向けの20坪、30坪程度の土地を取り扱う機会の多い宅建業者の場合、どうしても、面積が大きくなる（「量」が増える）と、単価は低くなるというイメージを抱きがちですが、**土地の評価を決定するのは、あくまでも「質」である**ということを覚えておきましょう。言い換えれば、この「質」を見極めるのが、プロとしての宅建業者の腕の見せ所なのです。

では具体例を見ていきましょう。

下記のCASE❶の場合、区画全体が四方で建築基準法上の道路に接道しています。また、形状的にも整形地であるため、区画全体を全8区画に分筆する場合、すべての区画が接道義務を満たし有効宅地面積のロスも生じませんでした。

一方、CASE❷の場合、区画全体の接道が一方向のみです。しかも間口に対し奥行の長い形状であるため、需要の多い区画に分筆するには、開発道路を整備して分筆後のすべての区画が接道義務を満たす状態にすることが必要となります。結果、開発道路部分相当の有効宅地面積の減少が生じ、区画全体の土地評価額も減価することになりました。これらが、土地評価で「量」より「質」が重視される典型例です。

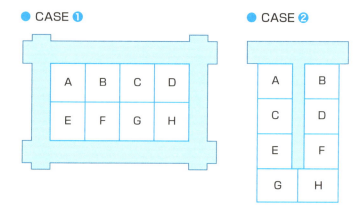

● 面大地評価のプロセス
❶ 最適用途は何か⇒一戸建、事務所ビル、マンションなど
❷ 買手は誰か⇒一般消費者、投資家、建売業者、開発業者など
❸ 評価法の選択⇒取引事例比較法、収益還元法など

第6章 「資金計画」を本格的に学ぼう

01 諸費用を学ぼう 売主編
02 諸費用を学ぼう 買主編
03 諸費用の支払い時期を学ぼう
04 宅建業者の住宅ローンとの関わり方
05 住宅ローンにこだわりローン担当者にこだわる
06 金融機関の選び方
07 買主のイメージする「購入予算」を確認
08 「月々返済額」から「購入予算」を考える
09 借入可能額から「購入予算」を考える
10 金融機関の担保評価と実勢価格
11 収入合算の３つのパターンを学ぼう
12 金融機関が重視する個人信用情報とは
13 住宅ローン基礎の基礎
14 一歩踏み込んだローン知識を身につけよう

「本物（プロ）」の宅建業者への第２の関門が「資金計画」です。「資金計画ですべてが決まる」といっても過言でないほど、宅建業者としての「真の力」が試される大切なステージです。

この章では、諸費用計算から融資づけに至るまで、不動産取引に関わる資金計画のすべてのノウハウを伝授します。金融機関の選び方も詳しく解説しているので、ぜひ、今後の新規開拓に活用してください。この章で「本物の資金計画」を学べば、お客様の「夢」を「現実」に変える「真の力」が身につきます。

[第6章]「資金計画」を本格的に学ぼう

01 諸費用を学ぼう 売主編

Point
❶ **売主費用の確定**は住み替え提案の第一歩である
❷ **住所変更・担保抹消・権利証**の有無を事前確認
❸ **売却後に生じる負担**も必須説明項目

諸費用を確定し、売却理由に応じた住み替え提案を

　不動産取引における売主の諸費用としては、次の6つが挙げられます。**売却依頼を受けた売主への買い換えや、賃貸物件への住み替えの提案は、この諸費用を確定したうえで行います。**

❶ 印紙代

不動産売買契約書に貼付する印紙代が必要となります。
第10章01参照

❷ 登記費用

　登記を担当する司法書士に支払う登記原因証書の作成費用です。所有者の住所や氏名が登記上の記録から変更されている場合は、「登記名義人表示変更登記」、抵当権や根抵当権が設定されている場合は「担保の抹消登記費用」が別途必要となります。一般的な住宅の場合、司法書士の報酬もあわせて、3万円から5万円程度が必要となります。

　また、**売主が「権利証」「登記識別情報」を紛失している場合は、司法書士による「本人確認情報」の作成が必要**となり、上記費用とは別に3万円から10万円ほど費用がかかります。

156

❸ 仲介手数料

第1章でも詳しくお話ししましたが、媒介を依頼した宅建業者に支払う報酬額（上限額）は、「**宅地建物取引業法**」で定められています。

❹ 金融機関事務手数料

ローンが残っている場合、**一括弁済のための金融機関の事務手数料が必要**になります。金額は金融機関によりますが、1万円から3万円程度です。

❺ 測量費

「**土地家屋調査士**」に依頼し、「**境界確定測量**」を行う場合に必要です。費用は面積、側点数、杭の有無、立ち会い人数などによって異なりますが、一般的な測量では30万円から50万円、官民立ち会いの場合で50万円から80万円程度となります。

❻ 既存住宅状況調査（インスペクション）

建築士といった専門知識のある「**既存住宅状況調査技術者**」による建物状況調査で、費用は5万円から10万円程度です。 第7章03参照

不動産取引に伴う「諸費用」というと、取引時に必要となる費用と思いがちですが、**大切なことは売却後に生じる費用や負担に関してもしっかりと説明しておく**ことです。不動産売却後に生じる費用としては、次の内容が重要です。

> ❶ 譲渡所得にかかる税金が課税される⇒不動産売却により譲渡益が生じると、所有期間に応じて所得税と住民税が課税される 第10章02参照
>
> ❷ 国民健康保険料が高くなる⇒不動産売却により譲渡益が生じると、自営業者などの国民健康保険加入者は、翌年の国民健康保険料がアップする

157

このように売却依頼を受けた売主に対しては、売買契約時に必要となる費用、売却後に生じる費用を試算したうえで、住宅ローンなど残債務を弁済した結果、手元に残るお金を提示します。売主はその手元に残ったお金をもとに住み替え計画を進めることになるのです。

　特に売主の住み替え計画が買い換えの場合、次節以降でお話しする買主としての諸費用を計算したうえで、住宅ローン利用額、最終的な購入総予算へと段階的に説明を進めていくことが必要となります。

　宅建業者としては、不動産を売るとき、買うときに諸費用が必ず必要になること、どの時期にどれだけの費用が必要になるのかを依頼者に十分説明し、無理のない住み替え提案を行うことが大切です。

本人確認情報とは？

　売主が権利証や登記識別情報を紛失している場合、司法書士が売主が真正な所有者であることを証明する書類「本人確認情報」を作成し、所有権移転登記申請を行います。本人確認情報による登記申請の結果、第三者に損害を与えることになった場合、書類を作成し、登記申請を行った司法書士は民事上の責任を負うことになります。そう考えると司法書士の費用は決して高額とはいえないでしょう。

売主費用の確認ポイント

❶ 登記上住所からの変更の有無（住民票の移動）
　　　⇒登記名義人表示変更登記
❷ 所有名義人の氏名変更の有無（結婚・離婚など）
　　　⇒登記名義人表示変更登記
❸ 抹消する担保権（抵当権、根抵当権）の有無
　　　⇒抵当権（根抵当権）抹消登記
❹ 権利証、登記識別情報の有無
　　　⇒本人確認情報作成費用

［第6章］「資金計画」を本格的に学ぼう

02 諸費用を学ぼう 買主編

Point
❶ 融資期間と融資利用額により諸費用は異なる
❷ 保証料支払方法の選択により諸費用は異なる
❸ 居住用財産の軽減措置により諸費用は異なる

買主費用は資金計画と方向性から確定する

　不動産取引における買主の諸費用は、概算で売買価格の約5％から8％程度が必要となりますが、最終的に買主の資金計画や方向性を固める段階では、次の確認ポイントにしたがい、詳細を記載した「諸費用明細書」を作成して説明します。

❶ 現金購入か住宅ローン利用による購入か
❷ 融資利用の場合、自己資金はいくら予定しているか
❸ 購入物件は居住用財産の軽減措置の適用が可能か
❹ 保証料の支払い方法（外枠方式、内枠方式）
❺ 既存住宅状況調査（インスペクション）実施希望の有無
❻ 耐震基準適合証明書、フラット35適合証明書は必要か
❼ 火災保険、既存住宅売買瑕疵保険に関する買主の意向

❶ 印紙代
　「不動産売買契約書」「金銭消費貸借契約書」「建築請負契約書」に貼付する印紙代が必要となります。　第10章01参照

❷ 登録免許税

登録免許税は、登記の内容により「所有権保存登記」「所有権移転登記」「抵当権設定登記」をする際にかかる税金です。 **第10章01参照**

❸ 司法書士の報酬

登記内容によって異なりますが、おおむね5万円から10万円程度必要となります。

❹ 住宅ローン事務手数料

住宅ローンを取り扱う金融機関の事務手数料。金額は3万円程度です。公的融資の「財形住宅融資」など、手数料不要の融資もあります。

❺ 住宅ローン保証料

契約者自身が住宅ローンの支払いができなくなった場合、保証会社が契約者に代わって金融機関に残債務を支払う（**代位弁済**）保証です。保証料は、借入額、返済期間、金融機関によって異なりますが、住宅金融支援機構の「フラット35」や一部のネット銀行のように保証料不要の商品もあります。なお、**保証料の支払方法には、住宅ローン実行時に一括で支払う「外枠方式」と、月々の返済額に上乗せする「内枠方式」があります。**

❻ 仲介手数料

媒介を依頼した宅建業者に支払う報酬額（上限額）は、「宅地建物取引業法」で定められています。

❼ 日割清算金

固定資産税・都市計画税、管理費・修繕積立金などを所有権移転日で日割計算し、買主負担額を売主に支払うことで当事者間の清算を行います。

❽ 火災保険料

住宅ローンを利用する場合、金融機関から火災保険の加入を勧めら

れます。**地震保険は任意加入**です。

⑨ 団体信用生命保険（団信）

住宅ローン返済中に借主が「死亡・高度障害」となった場合、保険会社から金融機関に保険金が支払われ、残債務の返済に充てられます。一般的な金融機関では、**団体信用生命保険への加入は住宅ローンの必須条件であり、保険料は金融機関が負担します。**ただし、**特約部分に関しては、金利上乗せなどにより借主負担となる場合が多い**です。住宅金融支援機構のフラット35の場合、保険加入は必須ではなく任意加入となります。

⑩ 不動産取得税

「不動産取得税」とは、不動産を取得した人に対し、都道府県が課税する税金です。不動産取得税は物件購入後に課税される税金ですが、**必ず購入時費用として買主に説明**しましょう。 第10章01参照

⑪ 既存住宅状況調査技術者報酬

建築士など専門知識のある**「既存住宅状況調査技術者」**による**「既存住宅状況調査（インスペクション）」**で、費用は5万円から10万円程度です。 第7章03参照

⑫ 既存住宅売買瑕疵保険の保険料・検査費用

建物の構造耐力上主要な部分、雨水の浸入を防止する部分などを保険対象とし、引き渡し後に瑕疵が発見された場合に補修費用が支払われる保険です。保険料は床面積や構造により異なりますが、床面積120m²の木造一戸建、保険期間5年、保険金額1,000万円で5万円から7万円程度、検査費用も床面積により異なりますが、5万円から7万円程度となります。

⑬ 耐震基準適合証明書の検査費用

一級建築士など専門家による建物の耐震基準の適合調査で、費用は

7万円から10万円程度です。**登録免許税や不動産取得税の軽減措置適用に利用**します。

⑭ フラット35の適合証明書の検査費用

　住宅金融支援機構の定める技術基準に対する適合検査で**検査機関または適合証明技術者により行われる**。費用は5万円から7万円程度です。**フラット35を利用する場合は必ず必要**となります。

　以上が不動産購入時に必要となる諸費用ですが、**これらはあくまでも不動産取引に関わる費用**です。実際には、リフォーム代、引越し代など、たくさんの費用が必要になります。第4節以降でお話ししますが、**資金計画の基本は「余裕ある計画」を提案すること**にあります。

> **宅建業者として大切なこと**　お客様のマイホーム購入の実現と、ゆとりある生活の実現をサポートすることにある

● 諸費用明細書サンプル 売主

売買価格 3,000万円　　そのほか 住所変更なし、抵当権抹消あり

	項　目	金　額（円）	備　考
1	印紙代	10,000	売買契約書
2	登記費用	50,000	抵当権抹消登記費用含む
3	仲介手数料	1,056,000	
4	金融機関事務手数料	33,000	
5	測量費	0	
6	既存住宅状況調査	0	
7	既存住宅売買瑕疵保険	0	
8	耐震基準適合証明書	0	
9	譲渡所得税	0	3,000万円控除により非課税
10	その他（　　　　　　）	0	
	合　計	1,149,000	

● 諸費用明細書サンプル 買主

売買価格 3,000万円　そのほか 住宅ローン2,500万円、25年返済

	項目	金額（円）	備考
1	印紙代	30,000	売買契約書・金銭消費貸借契約書
2	登記費用	175,000	所有権移転登記、抵当権設定登記
3	司法書士報酬	100,000	
4	住宅ローン事務手数料	33,000	
5	住宅ローン保証料	515,350	外枠方式
6	仲介手数料	1,056,000	
7	固定資産税日割清算金	35,000	所有権移転日により日割清算
8	火災保険料	300,000	
9	団体信用生命保険	0	
10	不動産取得税	0	軽減措置適用により非課税
11	既存住宅状況調査	70,000	
12	既存住宅売買瑕疵保険	100,000	検査費、保険料
13	耐震基準適合証明書	0	
14	フラット35適合証明書	0	
15	その他（　　　　　）	0	
	合計	2,414,350	

覚える！ 買主が負担する費用の確認先

❶ 住宅ローン事務手数料、住宅ローン保証料⇒金融機関

❷ 登録免許税、司法書士報酬、不動産所得税⇒司法書士

❸ 火災保険料⇒保険代理店

❹ 耐震基準適合証明、フラット35適合証明⇒一級建築士事務所

❺ 既存住宅状況調査⇒既存住宅状況調査技術者

❻ 既存住宅売買瑕疵保険⇒住宅瑕疵担保責任保険法人

[第6章]「資金計画」を本格的に学ぼう

03 諸費用の支払い時期を学ぼう

Point

❶ 諸費用明細と支払計画の組みあわせで説明する
❷ 当事者には決済後必要となる費用も説明する
❸ 仲介手数料受領方法は媒介契約時に確定する

必要な費用と必要な時期が当事者の1番の関心事

● 売主の諸費用支払時期

契約前 既存住宅状況調査費用（売主の立場で行う場合）、測量費（境界確定測量を行う場合）

契約時 印紙代（売買契約書貼付分）、仲介手数料（半金）

決済時 登記費用（売渡証書作成費、抵当権抹消登記、司法書士報酬）、金融機関事務手数料（住宅ローン一括返済の場合）、仲介手数料（半金）

決済後 譲渡所得にかかる税金（譲渡益が生じた場合）

● 買主の諸費用支払時期

契約前 既存住宅状況調査費用（買主の立場で行う場合）、フラット35適合証明書検査（フラット35を利用する場合）、耐震基準適合証明書検査（住宅ローン控除などを利用する場合）

契約時 印紙代（売買契約書貼付分）、仲介手数料（半金）

金銭消費貸借契約時 印紙代（金銭消費貸借契約書貼付分）

決済時 登記費用（所有権移転登記、抵当権設定登記、司法書士報酬）、金融機関事務手数料（住宅ローン利用の場合）、住宅

164

ローン保証料（外枠方式の場合）、火災保険料、日割清算金（固定資産税、管理費などの買主負担分）、仲介手数料（半金）

決済後 不動産取得税

● それ以外にかかる費用

諸費用には、契約、決済など取引時に必要になるもの以外に、取引後に必要となるものがあります。**売主であれば譲渡所得にかかる税金、買主であれば不動産取得税など**です。

> **宅建業者として大切なこと** 宅建業者と依頼者との費用関連のトラブルで最も多いのが、取引後の費用に関して。大変な取引を終え、ひと息ついたころに課税されてくるのが税金。宅建業者の説明不足が原因であればトラブルになるのも当然

これでは、長い時間をかけて築きあげてきた依頼者との信頼関係も台無しです。この場でもう一度、必要な費用と必要な時期をしっかりと押さえておきましょう。「仲介手数料」に関しては、「媒介契約締結時」に報酬額と支払い方法を取り決めます。一般的には、**契約時半金、決済時半金か、決済時に全額とします**が、 **第7章 16** でお話しする **「停止条件つき売買契約」の場合、効力の発生していない契約時に受領する**のは問題であり、決済時に全額を受領するようにしましょう。

覚える！ 当事者間の日割清算項目

❶ 固定資産税・都市計画税
❷ 管理費・修繕積立金など（マンションの場合）
❸ 家賃・共益費など（収益物件の場合）
❹ 自治会費・町内会費など

［第6章］「資金計画」を本格的に学ぼう

04 宅建業者の住宅ローンとの関わり方

Point

❶ 融資づけはすべての宅建業者に必要とされる力
❷ 提携ローンは金利優遇幅が大きく審査が早い
❸ 買主の希望を最優先して金融機関を決定する

融資づけで不動産業者の「力」が決まる

　不動産業者の「力」を決める要素のひとつに、「融資づけ」が挙げられます。仲介業を主とする宅建業者でも、「**集客力があって客づけ力に優れた業者**」「**地主、弁護士、債権者など、複数のルートから売却依頼を受けて商品化する物上げ力に優れた業者**」など、それぞれ、得意とするジャンルが異なります。

物上げ 独自で入手した非公開情報をもとに、不動産の所有者や権利関係者に売却を提案し、売却依頼を受けること

　なかでも、「融資づけ」に関しては、不動産業全般で必要とされる「能力」であり、**融資づけの「力」で不動産業者の「力」が決まる**といっても過言ではありません。

　民間金融機関の住宅ローン商品の多様化を背景に、宅建業者としても不動産を売ることを目的とした「融資づけ」から、**買主の立場において最適な「借り方・返し方」を提案することのできる、より専門性の高い「融資づけの力」が必要とされる時代**となりました。これからの宅建業者には、お客様の生活コンサルタントとして住宅ローンに関わっていくことが期待されています。

不動産業者により融資条件が違うのはなぜ？

「ウチは○○銀行が強い」というセリフを、先輩や他企業から聞かされることがあると思いますが、単に住宅ローンの持ち込み件数が多く、手続きをスムーズに進められる金融機関という場合もあれば、「提携ローン」の場合もあります。

「提携ローン」とは、金融機関が不動産会社やハウスメーカーとの取引関係から、一般の住宅ローンと比較し、より有利な条件で貸し出すローンのことをいいます。

> **提携ローンの特徴**
> ❶ 金利の優遇幅が大きく低い適用金利で借りられる
> ❷ 融資審査がスムーズで回答が早い
> ❸ 不動産業者によっては、仲介手数料以外にローン代行手数料が必要になる

また、提携ローンでなくても、不動産業者によって特定の金融機関、特定の支店と密接に関わり、住宅ローンの持ち込み件数が集中しているような場合があります。内容的にも利用者の属性など安定した案件が多く、金融機関に融資斡旋業者としての実績が高く評価されると、その不動産業者の斡旋による場合、利用者の融資条件が他社経由の場合よりも優遇されるケースがあります。このケースは、不動産投資ローンの場合でも多く見られる内容です。

お客様の要望は新規開拓のチャンス

宅建業者がお客様に住宅ローンを提案するうえで、最も大切なことは「お客様の希望を聞く」ことです。あたりまえのように思うかもしれませんが、意外とできていない場合が多いのです。実際、自信のあ

167

る提携ローンや取引の多い金融機関の商品を勧める場合、「金利が低くなればお客様は満足」「審査がスムーズならお客様は満足」とあたりまえのように手続きを進めてしまう場合が多く、お客様は言葉にしないだけで、宅建業者の姿勢に対して疑問を持ち続けているのです。

　お客様によっては、日頃からネット情報などを利用し、複数の金融の住宅ローン商品を研究している人がいます。また昔から好意にしている金融機関があったり、お身内に金融機関に勤める人がいる場合もあるでしょう。酷い場合、お客様がフラット35を希望しているにもかかわらず、「事前審査がない」「手続きに時間がかかる」といった到底納得できるはずもない理由から、ほかの金融機関の商品を選択させられているケースもあります。

　大切なことは「なぜ」この金融機関を勧めるのか、お客様にとって「どのような」利点があるのかをしっかりと説明し納得してもらうことです。

　そして、「**お客様の要望は新規開拓のチャンス**」だということを常に意識しておくことです。実際、お客様からの要望でこれまで取引のなかった金融機関と取引できることになるケースは、決して珍しいことではないのです。

　不動産業者の「力」は融資づけで決まります。さまざま融資案件に対応できるよう、日頃から金融機関との「出会い」のチャンスを逃さない本物（プロ）としての意識と姿勢が大切です。

資金計画から融資実行までの流れ

① 買主への資金計画の提示、金融機関および融資商品の選択
② 事前審査申し込み ⇒ 事前審査回答（融資条件決定）
③ 本申し込み ⇒ 本審査回答（融資条件最終決定）
④ 金銭消費貸借契約（金利の種類、返済方法などの最終決定）
⑤ 融資実行（抵当権設定）

[第6章]「資金計画」を本格的に学ぼう

05 住宅ローンにこだわり ローン担当者にこだわる

Point

❶ 満足いく結果は住宅ローンへの「こだわり」から
❷ 結果の明暗を分けるのはローン担当者の力量
❸ 複雑な案件では担当者変更の申し出もアリ

住宅ローンにもとことん「こだわり」を

　長年、不動産を購入するお客様のお手伝いをしていて、常に感じることがあります。それは、どのお客様も不動産に関してはとことん「こだわり」を持つのに、住宅ローンに関しては、「こだわり」を口にする人が少なく、**ほとんどのお客様が不動産業者の紹介する金融機関で融資を受け、契約手続きを終える**ということです。

　前節でもお話ししましたが、実際にはマイホームへの期待同様、住宅ローンに対してもお客様自身の希望があるのが当然なのですが、不動産業者の「優先すべきは不動産、融資は素早く通せばいい」という強引な姿勢が、お客様の住宅ローンに対する大切な「こだわり」を奥へ奥へと押しやっているのです。

　宅建業者の立場として、**1人ひとりのお客様との末永いおつきあいを真剣に考えるのであれば、この状況は絶対に改善しなくてはいけません。** 実際、不動産購入から数年後に住宅ローンへの「こだわり」を持たなかったことや不動産業者に「こだわり」を伝えることができなかったことに対する後悔の思いを口にする人が結構います。そう思うと、実際には「こだわり」を持っていないのではなく、融資に対する知識がなく、何にこだわったらいいのかわからないのです。

169

> **宅建業者として大切なこと** お客様に不動産への「こだわり」同様、
> 住宅ローンに対してもとことん「こだわり」を持って考えてもらう
> こと

融資結果はローン担当者次第である

　まず、金融機関の選び方の前に、ローン担当者に関して知っておき
ましょう。**金融機関のローン担当者が誰であるのかという点は、融資
結果の明暗を分ける最も重要なポイント**といえます。なぜなら、ロー
ン担当者は個別の案件に関して宅建業者と直接やり取りし、申込者の
属性や案件の個別事情を精査したうえで稟議書として上司に報告する
わけですが、**審査結果はほぼこの段階で決まってしまう**からです。上
司への稟議が通り、1度結果が出てしまうと、よほどのことがないかぎ
り、審査結果は覆りません。**既存借り入れなど、依頼者の属性面での
問題点があれば、稟議を上げる前に対処できるかが1番の決め手**とな
るのです。

　実際、宅建業者がよく利用する都市銀行のローンセンターには、不
動産業者間でも名前が通るほどの名物担当者がいて、その担当者で通
せない案件はほかの金融機関でも無理だというくらい凄腕がいたりし
ます。そのような担当者であれば、出てきた結果に対し私たちも納得
ができ、依頼者にも自信を持って報告できます。

　一方で、不出来な担当者にあたると本当に大変です。少し複雑な案
件になると、希望額が大幅に減額されたり、最悪、非承認となること
もあります。私自身は、**権利関係者の多い複雑な案件や依頼者の属性
面で難易度が高いと判断した案件は、躊躇することなく担当者を変更
して**もらうようにしています。売主にとっても買主にとっても失敗の
許されない案件で、担当者の力量不足により、本来期待できる結果が

得られないなどということは絶対にあってはならないからです。

宅建業者として大切なこと 住宅ローンにこだわり、ローン担当者にもこだわることが大切

まめ知識 あなたも安心！ 銀行はもっと安心!?

「三大疾病保証付き住宅ローン」を御存知でしょうか。住宅ローン返済中に三大疾病（ガン、急性心筋梗塞、脳卒中）と診断され条件を満たせば、住宅ローンがゼロになるというものです。死亡、高度障害で返済が困難な状況となった場合が補償対象となる団体信用生命保険がさらに充実したものと考えればよいでしょう。近年では7大疾病、8大疾病と金融機関によってたくさんの商品が用意されています。

確かに利用すれば安心ですが、保険料は通常、金利上乗せ（＋0.3％程度）となり、融資利用額によっては軽視できない金額です。お客様自身が加入している生命保険、医療保険などと補償の重複がないか適切なアドバイスが必要でしょう。

覚える！ 住宅ローン申し込みで必要となる書類

❶ 購入物件関連書類一式（売買契約書、重要事項説明書、登記簿謄本など）

❷ 本人確認資料（運転免許証、健康保険証、パスポートなど）

❸ 住民票

❹ 印鑑証明書

❺ 源泉徴収票、住民税決定通知書（給与所得者の場合）

❻ 確定申告書、申告所得税納税証明書、事業税納税証明書（個人事業主の場合）

❼ 決算報告書、法人税納税証明書、法人事業税納税証明書（法人代表者の場合）

❽ 償還予定表、残高証明書（借り入れがある場合）

［第6章］「資金計画」を本格的に学ぼう

06 金融機関の選び方

Point

❶ 都市銀行、地方銀行、信託銀行は「属性」重視
❷ 信用金庫・信用組合は中小企業、自営業者向け
❸ ノンバンクは「担保」次第で柔軟対応が可能
❹ ネットバンクは金利が安いが事務手続きが壁

銀行はお金を貸したい！　いい人、いい家に

　ひと言で「金融機関」といっても、住宅ローン取扱機関には、都市銀行、地方銀行、信託銀行のほか、信用金庫、信用組合、ノンバンク、ネットバンクなどがあり、住宅ローンではあまり馴染みがないかもしれませんが、労働金庫やJAバンクでも住宅ローンを取り扱っています。また、住宅金融支援機構の「フラット35」を取り扱うモーゲージバンクもあります。実際、これだけあるとどこの金融機関がいいのか、宅建業者でも迷ってしまいそうです。

　不動産業を経験していくなかで、誰もがぶち当たる壁が「融資づけ」です。人と人との出会いと同じで、不動産に関しては、時間をかければ必ずお客様の理想により近い物件を見つけ出すことが可能ですが、融資に関しては、時間をかければ理想に近づけるというものではなく、お客様の属性や案件に応じた金融機関を選び抜かなければ、決してお客様に満足いただく成果をあげることはできません。そのためには、まず私たち宅建業者の立場で各金融機関の特徴を見極め、適切な選択を行うことが必要となります。では、住宅ローンに対するそれぞれの金融機関の特徴を見ていきましょう。

172

❶ 都市銀行

「銀行」と聞いてまず頭に思い浮かぶのが、都市銀行です。都市銀行の特徴としては、属性、担保評価など、バランスよく平均点以上を求められますが、**最終判断で最も重視される点は、やはり申込者の「属性」です。属性次第で担保評価を大きく上回る融資額が可能となったり、金利の優遇幅も大きくなります。**

また、住宅ローンを専門で取り扱うローンセンターの存在により、手続きや審査が速く、案件ごとの個別事情を、時間をかけて相談することも可能で、宅建業者の立場としては非常に心強い存在です。

❷ 地方銀行

地方銀行は、その名のとおり「地元に根ざす金融機関」です。お客様からよく耳にするのは、**来店時の親切丁寧な対応など、サービス面の高い評価**です。また、地元企業の従業者や地元の案件の場合、属性、担保評価など都市銀行以上の評価が得られる場合があります。ただ、**都市銀行と比較すると若干、金利が高く、審査にも時間がかかります。**「地元に強い」という1番の特徴を踏まえて利用できれば、住宅ローンにおいても心強い存在です。

❸ 信託銀行

信託銀行は通常の金融業務以外に「信託業務」を行う銀行です。信託業務とは、わかりやすくいうと**人の財産を預って運用し、得られた利益を還元する業務**です。したがって、**相続対策や資産運用の相談案件や複数の不動産を所有する地主や収益ビルオーナーの融資に関しては、信託銀行ならではの力を発揮**します。審査に関しては、やはり「属性」重視、要件があえば、融資内容も好条件となります。

❹ 信用金庫

信用金庫も銀行と同じ金融機関ですが、銀行が株主の利益を最優先する営利法人であるのに対し、**信用金庫は会員の出資による協同組織**

173

の非営利法人であり、地域の会員や利用者の利益が最優先されます。住宅ローンに関しては、**銀行では取り扱いが難しい中小企業の経営者、自営業者の案件も柔軟に対応**してくれます。

　また信用金庫によりますが、無担保住宅ローンなど、ほかの金融機関にない独自の商品を取り扱いしている点も特徴のひとつです。

⑤ 信用組合

　信用組合も**信用金庫と同じ組合員の出資による協同組織の非営利法人**ですが、信用金庫が中小企業、個人と業務範囲に制限がないのに対し、信用組合の場合は、原則、組合員を対象とした業務となります。したがって、**住宅ローンに関しても、組合員である中小企業や個人事業者の場合は、ほかの金融機関で難しいと判断される案件でも柔軟に対応してくれる**という特徴があります。

⑥ ノンバンク

　ノンバンクは、その名のとおり**預金業務を行う銀行ではなく、融資業務のみを専門で行う企業**です。ノンバンクの特徴としてほかの金融機関と比較し金利が高いことが挙げられます。ただ、審査で最も重視する点が「担保」にあるので、過少申告の自営業者、過去に延滞履歴のある人など、**ほかの金融機関ではまず審査対象外とされる案件でも、担保次第では受けつけてもらうことができます。**

⑦ ネットバンク

　ネットバンクとは、支店や店舗を持たず、業務のほとんどをインターネット上で行う銀行で、今の時代を象徴する「新しい形態の銀行」といえます。**ネットバンクの１番の特徴は、何といっても金利の安さ**にあります。店舗運営費や人件費を抑え、金利の安さを実現していますが、宅建業者の立場から見た１番の問題点は事務手続きにあります。融資申込という複雑な手続きをすべてネットと郵送で行うことになるので、**追加書類の対応や審査に時間がかかったり、非承認の内容も機**

174

械的に伝えるので、**ローン担当者と相談しながら進めたい複雑な案件には不向き**です。また**不動産取引においても、ネット銀行の場合はローン特約を認めないという不動産業者も多い**ので、注意が必要です。

⑧ モーゲージバンク

モーゲージバンクとは、住宅ローンを専門に取り扱う金融機関です。預金を原資として貸出を行う銀行と異なり、住宅ローンを証券化して調達した資金を用いて貸出を行っています。住宅金融支援機構の「フラット35」を最も多く取り扱っているのがモーゲージバンクです。利用者が給与所得者で既存借入れもなく、案件としての個別事情など、特段の説明を要しない案件であれば、計画的に手続きを進められます。逆に、**ローン担当者との入念な打ちあわせが必要な案件には不向き**です。

⑨ 労働金庫、JAバンク

労働金庫は労働組合や生活協同組合の組合員、JAバンクは農業従事者の組合員で融資の申し込み要件を満たせば審査はゆるく、好条件で利用することが可能です。共通する特徴は、とにかく**組合員の融資に強い**という点です。

「フラット35」の特徴

① **内容** 全期間固定金利型住宅ローン
② **借主の条件** 申し込み年齢70歳未満、完済時年齢80歳未満
③ **返済負担率** 年収400万円未満30％以下、400万円以上35％以下
④ **住宅の条件** 一定の技術基準を満たす住宅。「適合証明書」が必要
⑤ **融資額** 100万円以上8,000万円以内で住宅購入費の100％以内
⑥ **返済方法** 元利均等返済、元金均等返済から選択
⑦ **特徴** 保証料無料、繰り上げ返済手数料無料、団体信用生命保険は任意加入

[第6章]「資金計画」を本格的に学ぼう

07 買主のイメージする「購入予算」を確認

Point

❶ 最初は買主のイメージする購入予算から確認
❷ 自己資金の予定額から購入予算の内訳を確認
❸ 相談段階では少し余裕を持った諸費用で試算

資金計画のスタートは買主希望の購入予算から

資金計画の第一歩は、買主の「購入予算」を立てることからはじまります。

第6章02 でもお話ししましたが、不動産を購入する場合、不動産の代金以外に必ず諸費用が必要になります。たとえば、3,000万円の不動産を購入する際の諸費用が概算で200万円だとすると、必要総額は3,200万円となります。仮に自己資金が500万円であれば差額の2,700万円は住宅ローンを利用するという計画になります。諸費用に関しては、具体的な購入計画が決まってからは、第6章02 で説明した内容どおり、詳細を記した明細書が必要となりますが、**大まかな購入予算を立てて、買主と方向性を固める段階では、概算による計算でも大丈夫**です。**諸費用は概算で購入価格の5～8%程度**で、自己資金割合（融資利用の割合）、購入物件の内容（一戸建、マンション）、居住用財産の軽減措置適用の可否などにより異なりますが、**この段階では少し余裕をもった諸費用を計算しておきましょう。**

● 諸費用を含めた住宅ローン利用額の計算例

3,000万円 ＋ 200万円 ＝ 3,200万円 － 500万円 ＝ 2,700万円

物件本体価格　　諸費用　　　必要総額　　　自己資金　　住宅ローン利用額

お客様から具体的な相談を受けた場合、上記のような簡易計算から具体的な資金計画へと進めていくわけですが、具体的な手順は次のようになります。

❶ お客様自身の考える購入予算を確認する
　※ここは、純粋にお客様のイメージで大丈夫です。

❷ 予定している自己資金の額を確認する（本人預貯金、両親からの援助など）

❸ 住宅ローン利用の場合、希望する月々返済額を確認する
　※購入物件がマンションの場合、管理費、修繕積立金を含む予算を確認します。

❹ お客様の属性面に関する情報を確認する（年齢、年収、勤務先、勤続年数など）

このあとは具体的な購入予算の計算へと進みますが、ここで最も重要なポイントは、「**金融機関からいくら融資を受けられるか**」という点です。現金購入や自己資金割合が高く、余裕のある計画が組めればいいのですが、**融資利用の場合、「融資可能な金額」を確定できなければ具体的な「購入予算」を立てることができません。**次節以降で、住宅ローンを利用する場合の具体的な購入予算の立て方をお話しします。

概算での諸費用計算の留意点

❶ 自己資金が多いほど、諸費用は安くなる（抵当権設定、住宅ローン保証料）

❷ 一戸建よりマンションのほうが諸費用が安くなる（土地の固定資産税評価）

❸ 居住用財産軽減措置の適用があれば安くなる（登録免許税、不動産取得税）

❹ 新築マンションなど、仲介手数料不要の場合は諸費用が安くなる

177

[第6章]「資金計画」を本格的に学ぼう

08 「月々返済額」から「購入予算」を考える

Point
❶ 買主の立場で月々返済額から購入予算を考える
❷ 金融機関の立場で実現可能な購入予算を立てる
❸ ローン以外の生活費も考慮して返済額を決める

買主の立場で「希望する購入予算」を考える

「購入予算」を立てるうえで、買主の希望する「月々返済額」から考えることは非常に重要です。とかく不動産業者は、「いくらまで借りることができるか」という、金融機関の審査の視点から買主の購入予算を考えがちですが、**大前提は買主が「計画的な返済をできるか」という点**にあることを忘れてはいけません。

なぜなら、現在、賃貸物件で生活している人は家賃の支払い額をベースに月々負担額を計算するでしょうし、これから結婚する人や出産予定の人などは生活環境の変化に応じた月々負担額を検討するからです。**同じ年収の人でも家族構成やライフスタイルによって理想とする月々負担額は異なる**のです。

> 宅建業者として大切なこと お客様の「購入予算」を考え「資金計画」を立てる際、「❶買主の立場で希望する購入予算」を考え、次に「❷金融機関の立場で実現可能な購入予算」を立てる

では、実際に買主の希望する月々返済額から購入予算を考えてみましょう。

178

例 月々の返済希望額12万円、返済期間35年、適用金利2.0%の場合、元利均等返済100万円あたりの月々返済額3,313円（100万円あたりの月々返済額は、金融機関の「返済早見表」を参照）

12万円 ÷ 3,313円 × 100万円 ≒ <u>3,622万円</u>

　　　　　　　　　　　　　　　　　　融資利用額

● 返済早見表

	20年	25年	30年	35年
1.00%	4,599円	3,769円	3,216円	2,823円
1.50%	4,825円	3,999円	3,451円	3,062円
2.00%	5,059円	4,239円	3,696円	3,313円
2.50%	5,299円	4,486円	3,951円	3,575円
3.00%	5,546円	4,742円	4,216円	3,849円
3.50%	5,800円	5,006円	4,490円	4,133円
4.00%	6,060円	5,278円	4,774円	4,428円

※ 元利均等返済、毎月払いの場合（100万円あたり返済額で記載しています）

　この例の場合、買主の希望する月々返済額12万円で35年間、金利2.0%で住宅ローンを利用した場合、3,622万円の融資利用が可能という計算になりますが、実際に買主の希望どおりの予算計画が可能なのでしょうか。次節では、金融機関の審査の立場から買主の購入予算を検討してみましょう。

覚える！

買主の希望する月々返済額の確認ポイント

❶ ボーナス時返済を含まない毎月返済額になっているか
❷ マンションの場合、管理費、修繕積立金が別途必要になるが大丈夫か
❸ 固定資産税、設備の改修費といった急な出費が生じても余裕のある金額か
❹ 出産、配偶者の育児休暇などを考慮しても余裕のある返済額か

［第6章］「資金計画」を本格的に学ぼう

09 借入可能額から 「購入予算」を考える

Point

❶ 金融機関の融資判断は「属性」と「担保評価」
❷ 融資可能額は「税込年収」「審査金利」で算出
❸ 融資額決定に最も影響するのは「既存借り入れ」

金融機関の立場で「実現可能な購入予算」を検討

　宅建業者が金融機関の立場に立って「買主の購入予算」を考える場合、金融機関の持つ2つの視点で資金計画を考える必要があります。ひとつめが「申込者の属性」、2つめが「不動産の担保評価」です。金融機関は、最終的な融資可能額を決定するために、この2つの側面から「案件を審査」します。

❶ 住宅ローンを最後まで滞ることなく返済できる「人」か ⇒ 属性
❷ 返済が滞ったら処分して残債務を回収できる「不動産」か ⇒ 担保

　金融機関の担保評価の見方に関しては、 第6章10 で詳しくお話しします。ここでは、申込者の「属性面」から判断した融資可能額について見ていきます。ではまず、金融機関が重視する申込者の「属性」には次の3つがあります。

❶ 申し込み年齢 ⇒ 申し込み年齢から返済期間を判断する
❷ 税込年収 ⇒ 税込年収により融資額に対する返済比率を判断する

180

❸ 既存借り入れ ⇒ 既存借り入れを確認し住宅ローンの貸出制限をかける

❶ 申し込み年齢

申し込み年齢は、住宅ローンの申し込み要件のひとつですが、**属性として重視される理由は、返済期間を判断するため**です。金融機関によりますが、一般的に**は融資実行時の年齢が満20歳以上、満70歳未満の人で、完済時の年齢が満80歳未満**としている金融機関が多いです。

返済期間に関しては、最長35年とする金融機関が多く、**44歳までの人は35年を利用できますが、45歳以上の人は79歳までの期間しか利用できない**ということになります。

また申し込み年齢が一定年齢を超えると、定年退職後の返済計画を求められることがあります。具体的には、**退職金予定額、年金受給額、早期退職制度、嘱託制度の有無**といった内容です。この基準は金融機関によって異なりますが、一般的には申し込み年齢が50歳を超える場合としている金融機関が多いです。50代といえば、まだまだ現役バリバリです。老後の生活まで計画的に考えている人はともかく、上記のような内容を即答できる人ばかりではありません。宅建業者として事前に説明しておくべき重要ポイントのひとつです。

❷ 税込年収

税込年収は、融資額を決定するうえで最も重要視される項目です。**金融機関は、申込者の税込年収から「いくらまで貸せるか」を次の2つ**の手順で判断します。

❶ 税込年収で「融資上限額」を決定する
❷ 審査金利を用いて「融資可能額」を決定する

181

❶は「年収制限」と呼ばれるもので、金融機関によって異なりますが、一般的には税込年収の7〜8倍を「融資上限額」と定めている場合が多いです。

次に❷ですが、金融機関は「融資可能額」を判断するうえで「税込年収に占める住宅ローンの年間返済額の割合」を基準とします。この割合を「返済比率」といい、金融機関により異なりますが、一般的には次のとおり定められています。

● 返済比率表

前年度税込年収	250万円未満	400万円未満	400万円以上
返済比率	25%	30%	35%

金融機関は返済比率による計算をする場合、実際の「適用金利」より高い金利を用いて審査を行います。この金利を「審査金利」といい、適用金利が1〜2%であるのに対し、審査金利は3.5〜4%程度で設定している金融機関が多いです。これは、将来的な金利上昇リスクや契約者自身の環境変化や経済事情の悪化にも耐え得るような融資額を見極めることを目的としています。

では実際に税込年収を用いた手順にしたがって、融資額を計算してみましょう。

> **例** 年収600万円、返済期間35年、返済比率35%、審査金利3.5%、年収制限7.5倍、100万円あたりの月々返済額4,133円
> ❶ **融資上限額** 600万円 × 7.5倍 ＝ 4,500万円
> ❷ **融資可能額** 600万円 × 35% ÷ 12カ月 ÷ 4,133円 × 100万円
> ＝ 4,234万2,124円 ≒ 4,234万円

この例の場合、❷で計算した融資額が❶で計算した「融資上限額未満」となるため、**既存の借り入れがなければ4,234万円が融資可能額**

182

と判断されます。

③ 既存借り入れ

最終的な融資額決定で、「明暗を分ける」内容が申込者の「既存借り入れ」です。既存借り入れには、マイカーローンやカードローンはもちろん、クレジットカードのキャッシング枠も随時借り入れ可能という判断から、審査上、既存借り入れとして計算される場合があります。

では、既存借り入れが住宅ローンの融資額にどれだけの影響を与えるのか、実際に計算してみましょう。

例 前頁の例で申込者に月額3万円の既存借り入れの返済がある場合
　月額返済可能額 600万円 × 35% ÷ 12カ月 = 17万5,000円
　　　　　　　　17万5,000円 − 3万円 = 14万5,000円
　融資可能額 14万5,000円 ÷ 4,133円 × 100万円
　　　　　　　= 3,508万3,474円 ≒ 3,508万円

このように、たとえ**月3万円程の返済額であっても、住宅ローンの融資可能額は約720万円程度減額となってしまう**ことがわかります。

> **宅建業者として大切なこと** 既存借り入れの場合、原則残高に関係なく、同じ制限がかけられてしまうので、買主に既存借り入れの重要性を十分に説明して、適切な対処が必要となる

覚える！ 融資可能額計算の手順

❶ 借入時年齢と完済時年齢から返済期間を特定（完済時満80歳未満）
❷ 税込年収を確認し融資上限額を計算（税込年収の7〜8倍）
❸ 審査金利を用い、融資可能額を計算（審査金利3.5%〜4%）
❹ 既存借り入れを考慮し、再度、融資可能額を計算する

183

[第6章]「資金計画」を本格的に学ぼう

10 金融機関の担保評価と実勢価格

Point

❶ 担保評価の前提は処分による債権回収の可否
❷ 担保評価は担保掛目、融資額は補正が決め手
❸ 補正による融資額の決定は個人属性が決め手

金融機関は担保掛目で安全圏を確保する

第5章で不動産の査定法に関してお話ししましたが、次は金融機関が融資額を決定するうえで大切な担保評価について見ていきます。

担保評価の考え方の基本は、「人」が返済できなくなった場合に「物」である不動産を処分し、回収することができるかどうかです。つまり金融機関の立場としては、当然のごとく厳しい評価となります。

> **宅建業者として大切なこと** 1つひとつの案件の個別要素や個別事情を考慮して、実際の市場で「勝負できる価格を実勢価格として導き出す」が、金融機関は最終的な「債権回収の手立てとして担保評価」をする

したがって、実勢価格と金融機関の担保評価とでは、出される価格に一定の価格差が生じることになります。この1番の要因として金融機関が評価段階で行う担保掛目による調整が挙げられます。金融機関は宅建業者のような細かい調査は行いませんが、一戸建は「原価法」、マンションの場合は「取引事例比較法」、収益物件は「収益還元法」と、基本的な評価法は宅建業者と同じ方法を用い、最終的な評価額決定の

184

段階で、**一定の担保掛目による「万一の安全圏」を確保する**わけです。この**担保掛け目は金融機関によりますが、一般的には時価の70%**としているところが多いようです。**担保掛目による調整の前提は、契約者が返済を滞った場合に、法的処分をして回収するための必要経費や回収までにかかる時間的リスクの保全**にありますが、実際に出される金額差（30%）は、購入者の立場から見ると決して小さい金額ではありません。では、土地は路線価、建物は原価法を用いた場合で計算してみましょう。

例 **建物** ⇒ 用途：自己居住用、構造：木造、建築：築後8年、
延床面積：100m²
※耐用年数：33年、建築単価：16万6,301円／m²

土地 ⇒ 面積：140m²、路線価：18万円／m²
※路線価は時価の80%とします。
※担保掛目は70%とします。

建物評価額 $16万6,301円／m² \times 100m² \times \left(1 - \dfrac{8}{33}\right)$
$= 1,259万8,560円$

土地評価額 $18万円／m² \div 80\% \times 140m² = 3,150万円$

評価額（時価） $1,259万8,560円 + 3,150万円 = 4,409万8,560円$

担保評価額 $4,409万8,560円 \times 70\%$
$= 3,086万8,992円$

この場合、「担保評価＝融資可能額」であれば、3,086万円までは融資可能となりますが、担保掛目（70%）により減価された30%を自己資金で補填できる人しか購入することかできないということになってしまいます。

金融機関もこのような状況を改善するために、担保評価に一定の掛率を乗じたり、一定金額を加算したりといった補正を行って最終的な融資可能額を決定するわけですが、そのうえで**最も重視されるのが申**

込者の「属性」となります。

　よく「あとは担保評価次第」という言い方をしますが、税込年収や返済比率などから試算したかぎり、融資が可能だと判断される内容でも、金融機関の担保評価で融資希望額が減額されるケースがあるということです。その**1番の理由は担保掛目で、最終的な補正で「物を言う」のが申込者の属性**というわけです。物件が同じで年収や返済比率に差がなくでも、金融機関の回答に差が出るのはこのためで、公務員や大手企業の社員が融資に強いとされるゆえんです。

> **宅建業者として大切なこと**　常に金融機関の融資に対する取り組みの姿勢、属性面、担保評価に対する考え方を理解するよう努める。それが宅建業者の「融資づけ」の力になる

　ではここで、買主の資金計画の手順のおさらいをしましょう。

> **資金計画の手順**
> ❶ 買主の購入希望価格帯から概算諸費用と「購入予算」を試算する
> ❷ 購入予算から自己資金を差し引き「住宅ローン必要額」を試算する
> ❸ 買主の希望する月々返済額から「住宅ローン利用額」を試算する
> ❹ 買主の税込年収と年収制限をもとに「住宅ローン上限額」を試算する
> ❺ 買主の税込年収と審査金利をもとに「住宅ローン可能額」を試算する
> ❻ 住宅ローン申込条件確定後、正確な諸費用明細を作成し、買主に提示する
> ❼ 担保評価の補正に有利になる情報を整理し、金融機関に提示する

金融機関が担保と認めない物件

ここまで、金融機関の担保評価に関するお話しをしてきましたが、そもそも金融期間が担保として認めない物件とはどういったものでしょうか。まず1番に「**接道義務などによる再建築不可物件**」です。これは金融機関を問わず融資対象外となります。次に、「**違法建築と既存不適格物件**」が挙げられます。特に**建築基準法の建蔽率に関しては、一定のオーバー率までは可能としても、容積率オーバーはオーバー率に関係なく審査対象外**とする金融機関が多いです。

最近では、**昭和56年5月31日までに建築確認申請を行った「旧耐震基準の物件」に対し、金融機関ごとに新たな審査基準が設けられるようになってきました。**金融機関も旧耐震基準の物件自体を否定しているわけではありませんが、評価上厳しい補正がなされたり、内容次第では評価対象外とされることもあります。

また、**自殺、他殺、火災などの「心理的瑕疵物件」**も注意が必要です。買主が事件事故の事実を十分理解したうえで購入を希望していても、**金融機関の「担保の目的」は、契約者が支払い不能となった場合の「債権回収」**にあります。物件を処分しても、債権を回収できない危険性が高い物件が融資対象外となるのは当然といえます。第7章の19と20でも詳しくお話ししますが、心理的瑕疵といってもさまざまなケースがあるので、**宅建業者が心理的瑕疵物件を取り扱う場合は、必ず金融機関の融資担当者に事前相談しておくことが必要**です。

金融機関に事前確認すべき旧耐震基準物件

❶ 旧耐震基準で耐震診断が未実施の物件
❷ 耐震診断を実施した結果、強度不足が認められ、補強工事が未実施の物件
❸ 旧耐震基準の物件で緊急輸送道路沿道にある物件

[第6章]「資金計画」を本格的に学ぼう

11 収入合算の 3つのパターンを学ぼう

Point

❶ 住宅ローンの収入合算は夫婦または親子で可能
❷ 収入合算は連帯保証、連帯債務、ペアローン
❸ 比較は、所有権、住宅ローン控除、団信加入

夫婦共働き世帯に最適！　もちろん親子でも可能

　金融機関による融資額決定のための、申込者の「属性」と不動産の「担保評価」に関してひととおり見てきましたが、申込者の年収面でどうしても返済比率が高く希望額が減額されそうなときは、**申込者に収入合算できる人がいないか確認**してみましょう。収入合算できる人は、原則、夫婦または親子で同居が条件となります。収入合算には申し込み内容により、「Ⓐ連帯保証」「Ⓑ連帯債務」「Ⓒペアローン」の3種類があります。

　宅建業者がお客様に対して収入合算を提案する場合のポイントは、次の3つです。金融機関と相談しながら、案件に応じた適切なプランを提案しましょう。

❶ 不動産の所有権を持つことになるのは誰か
❷ 住宅ローン控除を受けられるのは誰か 第10章03参照
❸ 団体信用生命保険に加入できるのは誰か

Ⓐ 連帯保証のケース

収入合算者が契約者の連帯保証人になるケースです。たとえば夫が主債務者であれば、収入合算者である妻が連帯保証人になります。このケースの場合、原則、❶不動産の所有権は夫にあり、妻は持分を持ちません。収入合算者である妻は❷住宅ローン控除を受けることができず、❸団体信用生命保険に加入することもできません。

Ⓑ 連帯債務のケース

主債務者となる契約者と連帯債務者となる収入合算者が、ひとつの住宅ローンに対してそれぞれが住宅ローン全額の債務者となるケースです。たとえば、夫を主債務者、妻を連帯債務者とすると、❶不動産の所有権は夫と妻がそれぞれの持分で所有し、❷住宅ローン控除は夫も妻も受けることができますが、❸団体信用生命保険には主債務者である夫のみが加入することになります。

Ⓒ ペアローンのケース

ひとつの不動産に対し、夫と妻がそれぞれ契約者となり住宅ローンを利用するケースです。たとえば、融資利用額3,000万円であれば、夫が1,500万円、妻が1,500万円の住宅ローンを利用するといったケースです。この場合、夫婦それぞれが住宅ローンの契約者であるため、❶不動産の所有権は夫と妻が各々の持分で所有し、❷住宅ローン控除、❸団体信用説明保険とも夫婦で利用できるというケースです。

覚える！ 収入合算の種類

❶ 連帯保証 ⇒ 収入合算者が契約者の連帯保証人となるケース
❷ 連帯債務 ⇒ 契約者と収入合算者の双方が債務者となるケース
❸ ペアローン ⇒ 契約者、収入合算者各々が住宅ローンを組むタイプ

［第6章］「資金計画」を本格的に学ぼう

12 金融機関が重視する 個人信用情報とは

Point
❶ 金融機関は審査で個人信用情報を重要視する
❷ キャッシュカードも複数持てば審査に悪影響
❸ 既存借り入れや事故情報は漏れなく自己申告を

自己申告が鉄則！ 金融機関に隠しごとは通用しない

　宅建業者がお客様の融資づけを行う際、絶対に覚えておくべき知識のひとつに「個人信用情報」があります。よく「ブラックリストに載っている」といった言い方をしますが、**計画的に返済中のローンであればいいのですが、延滞、自己破産などの事故情報となると、言葉どおり「ブラックリスト」として取り扱われます。**

　「個人信用情報」とは、銀行をはじめクレジットカード会社、消費者金融など、金融に携わる企業が「信用情報登録機関」に登録することが義務づけられている**利用者の信用情報**で、各金融機関はオンラインでこの情報を確認することができます。「○○金融からナンボかつまんどる」といったドラマのセリフがこれです。信用情報登録機関には、銀行系、信販会社系、消費者金融系の3つの信用情報会社があります。**金融機関は、融資の新規申し込みを受けると、まずほかの借り入れ状況、過去の延滞など、事故履歴の情報を入手して多重債務や過剰貸しつけによる事故防止に利用**します。住宅ローンの場合、事前審査の段階で「個人情報に関する同意書」に署名押印して金融機関に提出しますが、これはわかりやすくいうと「ほかでナンボつまんどるか確認しますよ」という書類なのです。

190

信用情報登録機関

❶ 全国銀行個人信用情報センター（KSC） ⇒ 主に銀行系
❷ 株式会社シー・アイ・シー（CIC） ⇒ 主に信販会社系
❸ 株式会社日本信用情報機構（JICC） ⇒ 主に消費者金融系

個人信用情報で注意すべき点は、ほかの借り入れがあれば、当然、既存借り入れとして融資額を決定する際の返済比率に影響しますが、**実際の借り入れがなくてもクレジットカードのキャッシング枠は、限度額いっぱいの借り入れがあるものとして計算される**ということです。

この場合、キャッシング枠が融資額計算上の返済比率に影響するだけでなく、複数の金融機関から借り入れを起こす可能性が高い多重債務者予備軍として、金融機関の心証は間違いなく悪くなります。

また、最近、問題になっているケースに、「携帯電話の分割払い」があります。携帯電話の分割払いはクレジット契約に該当するので、信用情報登録機関に登録されますが、携帯電話があまりに身近な存在となりすぎたこともあり、利用者にクレジット契約を組んでいるという認識がないのです。

個人信用情報が住宅ローンの審査に与える影響

❶ 自己破産、個人再生、延滞などの事故情報 ⇒ 事故情報の登録期間内であれば、原則、審査は否決される
❷ 複数のクレジットカードによる借り入れ ⇒ 多重債務者とみなされ否決される可能性が高い
❸ 実際は借り入れしていないが複数のクレジットカードを所有 ⇒ キャッシング枠いっぱいの借り入れがあるものとして返済比率を計算される

> **宅建業者として大切なこと**　お客様に個人信用情報の重要性を十分お話ししたうえで、金融機関に「ありのままの事実」を説明すること。依頼者の状況を正確に把握し、ローン担当者が審査を通しやすくするための「お手伝い」をする

 個人信用情報の登録内容と登録期間

◆延滞情報
  ❶ KSC ⇒ 契約期間中および契約終了日（完済されていない場合は完済日）から5年を超えない期間
  ❷ CIC ⇒ 契約期間中および契約終了後5年以内
  ❸ JICC ⇒ 契約継続中および完済日から5年を超えない期間

◆破産情報
  ❶ KSC ⇒ 当該決定日から10年を超えない期間
  ❷ CIC ⇒ 免責許可決定が確認できた会員各社によるコメントが登録された日から5年間
  ❸ JICC ⇒ 当該事実の発生日から5年を超えない期間
※信用情報登録機関各社ホームページより抜粋（令和元年5月現在）
  KSCホームページ　https://www.zenginkyo.or.jp/pcic/
  CICホームページ　https://www.cic.co.jp
  JICCホームページ　https://www.jicc.co.jp

宅建業者として必要とされる対応

❶ 既存借り入れ、事故情報は正確にローン担当者に申告する
❷ 依頼者に既存借り入れに関する償還予定表、残高証明書などを用意させる
❸ 返済可能な既存借り入れは返済させ、返済内容をローン担当者に申告する
❹ 使用していないクレジットカードは解約させる

[第6章]「資金計画」を本格的に学ぼう

13 住宅ローンの基礎の基礎

Point
① 金利には変動金利と固定金利の2種類がある
② 返済方法は元利均等返済と元金均等返済がある
③ 変動金利と元利均等の組みあわせにはルールがある

金利の種類（変動金利・固定金利）

住宅ローンの金利の種類には、大きく分けて「変動金利型」と「固定金利型」があり、固定金利型には3年、5年、7年、10年と、一定期間金利を固定する「固定期間選択型」と住宅金融支援機構のフラット35のような「全期間固定金利型」があります。また金融機関にもよりますが、将来的な金利上昇リスクに備え、金利の異なる2つのローンを組みあわせる「ミックスローン」という商品もあります。

返済方法（元利均等返済・元金均等返済）

返済方法には、「元利均等返済」と「元金均等返済」の2種類があります。**元利均等返済は、元金と利息をあわせた返済額が一定になる**返済方法で、**元金均等返済は、返済額に占める元金の割合が一定**の返済方法です。この元金均等返済に関しては、取り扱いできない金融機関もあるため事前に確認が必要です。

元利均等返済とは
① 毎月の返済額が一定
② 返済当初は元金よりも利息の割合が多いが、返済期間が進むにつれて毎月の返済額に占める元金の割合が増える

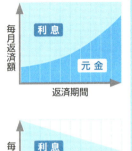

元金均等返済とは
① 返済当初は元利均等返済に比較し、月々返済額が大きいが、返済期間が進むにつれて月々返済額が着実に減っていく
② 金利、返済期間が同じであれば、返済総額は元利均等返済よりも少なくなる

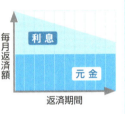

毎月返済・ボーナス返済

　住宅ローンの返済では❶毎月返済と❷❸ボーナス返済を併用することができます。年収に占めるボーナス比率が高く、安定支給が期待できる人にはボーナス返済の併用がお勧めです。ボーナス返済への振り分け割合は、借入金額の50％までとする金融機関が多いですが、フラット35や財形住宅融資では借入額の40％となります。

例 借入額2,500万円、金利2.5％、全期間固定金利、
　返済期間35年、元利均等返済、ボーナス年2回の場合
　❶ 毎月返済：100％、ボーナス返済：0％
　　 毎月 8万9,373円　 ボーナス月 8万9,373円
　❷ 毎月返済：80％、ボーナス返済：20％
　　 毎月 7万1,499円　 ボーナス月 17万9,096円
　❸ 毎月返済：50％、ボーナス返済：50％
　　 毎月 4万4,686円　 ボーナス月 31万3,678円

金利の種類と返済方法を覚えたところで、変動金利と元利均等返済の組みあわせの重要ポイントを見てみましょう。これを覚えれば、**将来的な金利上昇リスクを伴う変動金利も返済方法との組みあわせ次第**ということが理解できるでしょう。

変動金利＋元利均等返済

❶ 5年ルール　金利の見直しは6カ月ごとですが、返済額は5年間一定であり、5年以内の金利の変動は毎月の元金と利息の割合で調整される

❷ 125%ルール　金利がどれだけ上昇しても5年ごとの返済額の見直しでは、見直し前の返済額の1.25倍（125%）までで抑えられる

❸ 5年ルールや125%ルールで返済額が抑えられ、返済期間終了時に未払い元金や未払い利息が持ち越された場合、最終返済時に返済することになる

※5年ルールと125%ルールは採用していない金融機関もあるので、事前に確認します。

覚える！ 金利タイプの変更

❶ 変動金利型は固定期間選択型に変更可能

❷ 全期間固定型は金利変更不可。別の商品への借り換えとなる

❸ 固定期間選択型は固定期間終了とともに変動金利に移行する。その時点で改めて固定期間選択型を選択することも可能

195

14 一歩踏み込んだ ローン知識を身につけよう

Point

❶ 繰り上げ返済は期間短縮型と返済額軽減型がある
❷ つなぎ融資は金利が高く融資事務手数料が割高
❸ 分割融資は抵当権設定と融資事務手数料が割高

繰り上げ返済（期間短縮型・返済額軽減型）

　繰り上げ返済とは、住宅ローンの返済期間中に、元金の一部を前倒しで返済することをいい、**返済期間を短くする期間短縮型**と、**返済期間は同じで毎月の返済額を減らす返済額軽減型**の2種類があります。

❶ 期間短縮型の注意点は、返済期間が10年を切ると住宅ローン控除が利用できなくなる

❷ 返済額軽減型は取り扱いできない金融機関もあるので、事前確認が必要

❸ 繰り上げ返済手数料が必要になる場合がある。都市銀行、ネット銀行など、インターネット経由で手続きする場合はほとんどが無料でできるが、一部の地方銀行、信用金庫、信用組合などで窓口でしか取り扱いできない場合、手数料が5,000円から3万円程度必要となる

❹ 繰り上げ返済の受付下限額が決められており、1万円からできる場合もあれば、フラット35のように窓口受付100万円以上という場合もある（インターネットサービス「住・MyNote」利用で10万円以上から利用可能）

つなぎ融資と分割融資

宅建業者も中古物件や完成済新築物件を取り扱う場合には、これまで学んだ知識で十分ですが、先に土地を購入してから注文住宅を建築するような場合、融資には注意が必要です。**金融機関は完成された建物にしか融資実行してくれません。**でも土地代金、建物の着工金、中間金などは、建物完成前に必要になります。そんなときに利用できる融資が「**つなぎ融資**」となります。

つなぎ融資とは、建物竣工後の住宅ローン実行までの間、一次的に利用できる融資です。返済に関しては、毎月利息のみを支払い、住宅ローン実行時に元金を一括で返済します。

> **つなぎ融資の特徴**
> ❶ 金利が高い。通常、優遇のない変動金利で2～4%
> ❷ 融資事務手数料が高い。通常10万円前後
> ❸ 抵当権設定は必要ない

また、つなぎ融資を使わずに「**分割融資**」という形態で対応する金融機関もあります。**分割融資とは、住宅ローンを数回に分けて実行する方法で、一般的には土地購入時、建物竣工時の2回に分けて融資実行する**ケースが多いです。

> **分割融資の特徴**
> ❶ 抵当権設定登記が必要。土地に関しては、建物が存在しない状態での設定となるので、軽減税率が適用外となる
> ❷ 融資実行ごとに融資事務手数料が必要となる
> ❸ 土地購入時から住宅ローンの返済が開始され、賃貸物件に住む買主の場合は、家賃と重複する

197

住宅ローン「借り換え」シミュレーション

❶ **借り換えメリット**：毎月返済額、返済総額の軽減
❷ **借り換えデメリット**：借り換え時の諸費用が必要

当初借入条件

借入額：3,000万円、金利：2.8％（全期間固定）
期間：35年、元利均等、5年間（60カ月）返済
◎毎月返済額　　**11万2,133円**

借り換え条件

借入額：2,728万9,911円（上記借入残高）
金利：1.5％（10年固定）、期間：30年、元利均等
◎毎月返済額　　**9万4,182円**

借り換え諸費用

ⓐ	事務手数料	約3万円
ⓑ	印紙代	2万円
ⓒ	登録免許税	約11万円（0.4％）
ⓓ	司法書士報酬	約7万円
	［諸費用計］	23万円

固定期間10年間での軽減効果

｛(11万2,133円－9万4,182円)×120カ月｝ － 23万円
　　　　　　　　　　　　　　　　　　　　＝ **192万4,120円**※

※住宅ローン保証料に関しては、新たに必要となりますが、当初借入時の未経過分保証料は返金されます。

金融機関への繰上げ返済確認ポイント

❶ **返済額軽減型の有無**　※金融機関により取り扱いのない場合がある
❷ **繰り上げ返済手数料の有無**　※ネットおよび窓口手続き
❸ **受付金額の下限額の確認**

第7章 不動産取引の「実践知識」を身につけよう

01 スタートは買付証明書と売渡証明書から

02 申込証拠金を受け取る場合の注意点

03 既存住宅状況調査（インスペクション）

04 重要事項説明を行う

05 売買契約を締結する

06 手付金と手付解除の定め方

07 違約金と違約解除の定め方

08 融資利用特約

09 共有名義物件の注意点

10 代理人による契約の注意点

11 成年後見人との契約の注意点

12 現状有姿を学ぼう

13 担保責任（契約不適合責任）を学ぼう

14 危険負担を学ぼう

15 クーリングオフを学ぼう

16 停止条件と解除条件

17 更地渡しの盲点

18 内装渡しの盲点

19 心理的瑕疵の説明 ❶

20 心理的瑕疵の説明 ❷

21 任意売却の注意点

22 相続物件売買の注意点

この章では、重要事項説明や売買契約で必要とされる実務や法律知識を「実践力」に変えるノウハウを伝授します。特に不動産取引でトラブルの多い共有名義物件、代理人契約、契約不適合責任、心理的瑕疵物件の取り扱い方法に関しては必読です。この章は不動産営業の「宝庫」です。繰り返し学び、経験を積めば、あなたも「本物（プロ）」の仲間入りです。

［第7章］不動産取引の「実践知識」を身につけよう

01 スタートは買付証明書と売渡証明書から

Point

❶ 買付証明の1番の目的は買主の購入意思決定
❷ 購入価格以外の条件面も細部まで確認が必要
❸ 当事者の意思確認と条件確認は書面化が基本

不動産購入の第一歩は買付証明書からはじまる

お客様の希望条件にあう物件が見つかり、資金計画にも納得してもらえたら、まず「買付証明書」を記入してもらうことになります。この段階で**最も大切なことは、買主に購入の意思決定をしてもらう**ということです。

買付証明書には、購入希望価格、引き渡し時期、融資利用の有無などを明記し、売主または売主側の仲介業者に提示しますが、**売主との条件が折りあい、商談がまとまれば、必ず契約するという堅い決意が必要**です。

買付証明書の目的
❶買主の購入希望条件の整理と購入の意思決定
❷売主に対する買主の購入希望条件および購入意志の伝達

次に、宅建業者が売主または売主側の仲介業者に対し、買主の購入希望条件を説明するうえで特に注意すべき点をまとめると次のようになります。

宅建業者として大切なこと 購入希望価格、引き渡し時期、引き渡し状態、融資利用の有無など、買主の購入希望条件の詳細を正確に伝達する

　売主も仲介業者も、買付証明書を提示されると買付価格に注目しがちですが、**引き渡しの状態や引き渡し期日、融資利用の有無など、価格以外の条件面にも注意を向けることが大切**です。

　融資利用の買手であれば、事前審査を予定している金融機関はどこか、いつまでに回答が得られるのか、いつごろに契約可能かといった内容を、仲介業者間で打ちあわせます。そして、買主からの購入申し出に対し売主の承諾が得られたら、売渡価格、売渡条件など、売渡の意思を「売渡証明書」に記載してもらいます。

　ここで最も重要なことは、**買主の希望条件と売主の売渡条件に食い違いが生じないよう、書面によって当事者に再確認すること**です。

　特に目的物件の引き渡し状態など、当事者の理解、解釈の違いから、契約手続き中や契約後にトラブルになることもあるので、**当事者の提示条件は曖昧にせず、しっかりと口頭で説明したうえで書面化する**ことが大切です。

覚える！　買付証明書、売渡証明書記載内容

❶ 価格（購入希望価格、売渡承諾価格）
❷ 支払い方法と支払い時期（手付金、中間金、残代金）
❸ 融資利用の有無、融資利用額、金融機関名、買換特約の有無
❹ 引き渡し状態（現状有姿、リフォーム渡しなど）
❺ 引き渡し時期、引き渡し猶予期間の有無
❻ 既存住宅状況調査（インスペクション）実施希望の有無
❼ 目的物件の表示

買付証明書サンプル

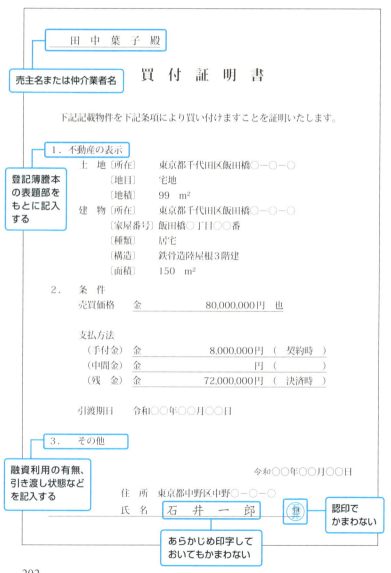

[第 7 章] 不動産取引の「実践知識」を身につけよう

02 申込証拠金を受け取る場合の注意点

Point
1. 申込証拠金の授受には十分な説明義務がある
2. 目的の1つ目は買主の購入意思を固めること
3. 目的の2つ目は買主の順位保全と本気度伝達

申込証拠金は良くも悪くも使い方次第

　不動産業界では、条件にあう気に入った物件が見つかれば、最終決定までの間、お金を預けて物件を「留めておく」という商慣習が古くから続いています。これは、不動産業者からお客様に求める場合もあれば、お客様から言い出すケースもあります。

　情報の流通速度の速い賃貸業界では申込証拠金の授受が、日ごろからあたりまえのように行われ、契約前のキャンセルも頻繁にあるため、**申込証拠金の返還を巡るトラブル**があとを絶ちません。

　売買でも賃貸でも、お客様から申込証拠金を預かること自体は特に問題ではありませんが、**宅建業者として大切なことは、その意味あいをしっかりとお客様に説明すること**です。

　特に不動産取引がはじめてのお客様の場合、「申込証拠金」と「手付金」の違いも正確に理解できていない人も多く、後々のトラブルや紛争に発展してしまうのは、結果として**不動産業者がプロとしての説明責任を果たしていない**からです。

申込証拠金の本来の意味あい 買付証明書による購入の申し出から契約締結までの間、ほかの購入希望者に対し自らを優先してほしいという「順位の保全」と購入に対する「本気度」を証明するお金

申込証拠金も、宅建業者が意思決定したお客様に対し絶対的な安心感があれば、あえて預かる必要のないお金です。実際、申込証拠金は売主には渡らず、契約までの間、仲介業者で保管されている場合がほとんどです。しかしながら、たとえわずかでも実際のお金を動かすことにより、不安を残す買主の意思がより確かな決意へと変化することも事実であるため、営業的に考えるのであれば、申込証拠金も使い方次第では有効です。ただ、申込証拠金をより有効に活用し、1つひとつの案件を確実に契約へと進めるためには、まず**宅建業者自身が、授受するお金の意味あいを十分に理解して、依頼者に対する説明義務を果たす**ことが必要です。

申込証拠金に関する説明内容

❶ 「申込証拠金」は「手付金」ではなく、売主が物件の売り渡しを約束するものではないということ

❷ 売主との交渉が成立し、契約することになった場合の申込証拠金の処理方法。理想的なのはいったん買主に返金し、契約時に改めて手付金を用意してもらう

❸ お客様が物件購入をキャンセルしたり、売主との交渉が成立しなかった場合、必ずお客様に返金されるお金であること

※預り証に「お客様の事情でキャンセルとなった場合、返金されない」旨の記載があっても、必ず返金しなくてはなりません。

[第7章] 不動産取引の「実践知識」を身につけよう

03 既存住宅状況調査（インスペクション）

Point

❶ 媒介契約時に売主に既存住宅状況調査を説明
❷ 重要事項説明で買主に診断結果の概要を説明
❸ 売買契約時に売買当事者間で建物状況を確認

既存住宅状況調査の説明義務化スタート

平成28年5月、日本の中古住宅市場に大きく影響を与える「宅建業法改正案」が国会で成立、平成30年4月施行となりました。いわゆる「宅建業者による既存住宅状況調査の説明義務化」です。「既存住宅状況調査（インスペクション）」とは、建築士など専門家による住宅診断のことで、改正ポイントをまとめると次のようになります。

宅建業法の改正ポイント

❶ 媒介契約締結時、売主に既存住宅状況調査を実施する者の斡旋に関する書面を交付する
❷ 重要事項説明で、買主に既存住宅状況調査の実施結果の概要を説明する
❸ 売買契約締結時、売主、買主が建物状況について確認した事項を記載した書面を交付する

わかりやすくいうと、媒介契約の際、売主に「**住宅診断を実施する既存住宅状況調査技術者を当社で斡旋できますが、どうされますか？**」

と案内します。売主としてはこの時点ではじめて既存住宅状況調査の存在を知ることになるわけですが、心理的には「ヨシ！　どんとこい！」とはならず、ほとんどの売主が、「瑕疵が見つかって値切られたらどうしよう……大きな問題が見つかったらどうしよう……」となるわけです。専門家による診断ですから、そう感じるのも当然でしょう。**しかし買主の立場としては、中古住宅の購入に対する不安を解消できるという大きな利点**があり、建物状況や瑕疵の存在を正確に把握することにより、物件の適正価格を見極め、改装費など、購入後の資金計画を確実に立てることができるようになります。結果、**実際の不動産取引においては、売主に協力をお願いし、購入を検討する買主の立場で売買契約締結までに行う**というケースが多くなります。ただ、診断結果が売買価格など、契約条件に少なからず影響することが予測されるので、診断に消極的な売主、極端な場合、住宅診断を依頼する買主には物件を売らないという売主も出てくることがあります。ここで誤解のないようお話ししておくと、**法改正により「義務化」されたのは宅建業者の「説明」であり、状況調査の「実施」ではない**ということです。したがって、調査を拒む売主に強要することはできません。

　今後の宅建業者としての1番の課題は、「既存住宅状況調査の重要性」をいかに正確に伝え、売主の理解を得るかということです。

　これからの中古住宅市場の傾向として明らかなことは、**売主による「インスペクション実施済安心物件」と「インスペクションお断り不安物件」が二極化**するということです。この点が、私たち宅建業者の課題に対する1つのヒントになるのではないでしょうか。

　宅建業者が説明すべき既存住宅状況調査のメリットは次のようになります。

既存住宅状況調査のメリット

❶ 買主の立場で既存住宅状況調査と改修工事を実施することで、「安心感」を価格に反映できる

❷ 重要事項説明で買主に既存住宅状況調査の診断結果を説明し、売買契約時に当事者間で建物状態を確認しあい書面化することで、確実に物件引き渡し後のトラブルを軽減できる
❸ 既存住宅状況調査を実施、さらに既存住宅売買瑕疵保険に加入することで、物件引き渡し後に判明した瑕疵に対応できる

次に既存住宅状況調査における検査項目ですが、国土交通省の「インスペクション・ガイドライン」では、検査で確認する劣化事象などの基本を定めています。

インスペクション・ガイドラインで確認する劣化事象などの基本
❶ 蟻害、腐蝕や傾斜、躯体のひび割れ・欠損など、構造耐力上の安全性に問題のある劣化はないか
❷ 雨漏りや漏水などの劣化はないか
❸ 給排水管の漏れや詰まりなど、日常生活上支障のある劣化はないか

ここまで読むと、既存住宅状況調査（インスペクション）という存在が新しく誕生したかのような印象を持つかもしれませんが、中古住宅流通が盛んなほかの先進諸国においては、インスペクションの実施はあたりまえとなっています。日本でも十数年前からインスペクションの重要性が徐々に見直されつつありますが、ここにきてようやく宅建業法改正という形での「遅すぎるスタート」を切ることができたというのが実情です。

今後の日本における中古住宅流通を活性化するためには、実際に市場を担う私たち宅建業者自らが既存住宅状況調査の重要性を学び、お客様1人ひとりに既存住宅の見直しを働きかけていくことが必要になります。

では、宅建業者がお客様に対し既存住宅状況調査を実施する業者を斡旋する場合に注意すべき点は何でしょうか。1番は**「中立性」を意**

207

識して、業者を選定することです。既存住宅状況調査の前提は、中立的立場で住宅を適正に診断することにあるため、決して、当事者一方や仲介業者に偏った診断を行うようなことがあってはならないのです。また、実施業者の急増で検査費用もまちまちです。既存住宅状況調査の基本は目視による診断ですが、一部破壊検査を伴う内容もあり費用にも幅がありますが、平均的には5万円から10万円程度となります。**検査費用が安くても、しっかりとした仕事ができない業者は、お客様への信用のためにも斡旋すべきではありません。**

● 既存住宅状況調査（インスペクション）の検査項目

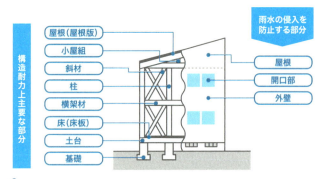

契約前に行う専門検査の種類

❶ 既存住宅状況調査 ⇒ 建築士など、既存住宅状況調査技術者による住宅診断
❷ 既存住宅売買瑕疵保険の検査 ⇒ 一級建築士などによる構造耐力上主要な部分や雨水浸入を防止する部分などの検査
❸ 耐震基準適合証明の検査 ⇒ 一級建築士などによる耐震基準の適合検査
❹ フラット35適合証明の検査 ⇒ 適合証明技術者による住宅金融支援機構技術基準適合検査

［第7章］不動産取引の「実践知識」を身につけよう

04 重要事項説明を行う

Point

❶ 重要事項説明は必ず売買契約の締結前に行う
❷ 取引内容や買主の理解度に応じた説明が重要
❸ 重要事項説明の目的は「お客様を守ること」

重要事項説明の前提は「理解してもらう」こと

買主からの「買付証明書」と売主からの「売渡証明書」に基づき、売買価格、引渡状態、引渡時期など、取引条件に関する売主、買主の意向がまとまったら、いよいよ契約手続きへと進めることになります。

まず、宅建業者が「売買契約締結前」に行う重要な手続きのひとつに、買主に対する「重要事項説明」があります。

重要事項説明とは　宅地建物取引業法により、事業所に設置された宅地建物取引士が行うことが義務づけられていて、説明する内容は、現地、法務局、役所での調査に基づく取引物件と取引内容に関する重要事項

重要事項説明は、必ず売買契約締結前に行うことが義務づけられていますが、**実務的には同日に行う**ことが多くあります。不動産取引経験のない買主にとって、聞き慣れない専門用語が飛び交う長時間の取引では、本当に重要なポイントが理解できないまま契約書に印鑑を押してしまう人がたくさんいます。説明後、「何かご質問はございますか？」と問われても、ほとんどのお客様は一瞬間を置いたあと「いえ、

特に……」と答えます。本当のところ「特にありません」ではなく**「特に質問すること自体がわかりません」**というのが本音でしょう。

　私も長年、お客様への重要事項説明をしていますが、度重なる法改正による説明事項の増加により、**本当に重要なポイントがわからなくなるほどに説明内容が増え続け、説明を受けるお客様の理解度との「格差」は拡がり続けている**ように感じます。この現象のひとつの原因として、説明内容の増加と複雑化が挙げられますが、最大の原因は不動産を調査し説明する宅建業者の資質の低迷にあります。

　不動産取引の専門家として、宅地建物取引士が重要事項説明を行う本来の目的は、トラブルや紛争、不測の損害からお客様を守ることにあるのです。宅建業者の資質の向上なくして、一般消費者を取り囲む状況の改善はあり得ません。

宅建業者として大切なこと　契約目的、契約内容に応じた重要ポイントを整理し、相手の理解度に応じた説明をすること。重要事項説明の前提は「説明する」ことではなく「理解してもらう」ことにある

重要事項説明のポイント

❶ 宅地建物取引業者、宅地建物取引士、取引の態様、供託所
❷ 不動産の表示（登記内容など）、売主に関する内容、占有者の有無
❸ 法令上の制限（都市計画法、建築基準法、そのほかの法令）
❹ 敷地と道路との関係（道路種別、幅員、接面長、道路後退の有無など）
❺ インフラ整備の内容（電気、ガス、上水道、下水道）
❻ 石綿使用調査・耐震診断の有無、既存住宅状況調査実施の概要
❼ 共用部分、管理費、修繕積立金、管理の委託先
❽ 代金以外に授受される金銭（手付金、日割清算金など）
❾ 契約の解除に関する内容（手付解除、違約解除など）
❿ 特約事項、特記事項

［第7章］不動産取引の「実践知識」を身につけよう

05 売買契約を締結する

Point

① 特約は一般条項に優先する当事者間の約束事
② トラブルは宅建業者の説明不足が1番の原因
③ 契約前の希望条件の擦りあわせが明暗を分ける

売買契約書では特約条項に細心の注意が必要

買主への重要事項説明が完了したら、次はいよいよ「売買契約」となります。売買契約書には、契約目的となる不動産の表示、売買価格、支払方法、決済時期などが記載されていますが、最も重要になるのが「特約条項」の内容です。

売買契約書記載内容のポイント

① 不動産の表示⇒原則は登記内容に基づき記載する
② 売買代金および支払い方法⇒課税取引では消費税額を明記する
③ 手付解除期日、違約金の額⇒違約金は具体的金額（円、％）を記載する
④ 融資利用特約⇒特約期日、融資利用額、金融機関名を明記する
⑤ 特約条項⇒案件独自の取り決め事を記載する

通常、当事者の1番の関心事である売買価格や支払方法、決済時期などは事前に十分説明されているのが前提なので、契約当日に問題が生じることは少ないですが、この「特約条項」に関しては、当事者の思い込みや理解不足により、トラブルになるケースが珍しくありませ

ん。今、あえて「当事者の」といいましたが、**実際には宅建業者や営業担当の契約前の「説明不足」や「知識・経験不足」から問題が生じる場合がほとんど**です。 第7章01 でもお話ししましたが、買主から買付証明書、売主から売渡証明書を取得する際の当事者間の希望条件の擦りあわせがいかに重要であるかを再確認しましょう。

「特約条項」には、一般条項に優先するその案件独自の取り決めごとを記載することになります。特に「契約不適合責任」 第7章13参照 「停止条件」「更地渡し」 第7章17参照 などは、当事者のわずかな認識のズレから大きなトラブルに発展する危険性の高い重要な内容となるので、常に当事者の理解度を確認しながら、繰り返し説明することが大切です。

では、売買契約書の特約条項に定める一例を見ていきましょう。

売買契約書の特約条項に定める一例

❶ 物件の引き渡し状態の取り決め（現状有姿、内装渡し、更地渡しなど）

❷ 内装渡し、更地渡しに関し、売主が引き渡しまでに行う具体的な内容、範囲

❸ 目的物件の不具合の有無や程度、売主の契約不適合責任を免責とする範囲

❹ 買い換え特約に関する買主所有物件の内容、売却期日、価格など

❺ 任意売却で担保抹消に関する債権者の同意および協力を停止条件とする内容

❻ 遺産分割協議書に基づく売買契約で、相続登記未了の場合の売主の責任

❼ 借地権付建物の売買契約で、地主の借地権譲渡の承諾に対する売主の責任

❽ 借家人付建物の売買契約で、賃貸借契約の承継と保証金・敷金の取り扱い

まめ知識 反社会的勢力の排除条項

宅建業者が売買契約を進めるうえで、必ず押さえておくべき内容として「反社会的勢力の排除条項」があります。

現在、47都道府県では国民生活から暴力団など反社会的勢力を排除し、安全で住みよい社会の実現を目的とした「暴力団排除条例」が制定されています。不動産取引においても、売買契約書、媒介契約書、賃貸借契約書に反社会的勢力との取引を排除することを目的とした反社会的勢力の排除条項が設けられています。

実際の不動産取引においては、契約当事者が反社会的勢力でないことを相互に確認し、万一、契約後に相手方が反社会的勢力であることが判明した場合、契約解除など速やかな対応ができるよう定めています。宅建業者は、手付解除、違約解除、融資特約による解除同様、契約締結時に必ず当事者に説明することが必要となります。

覚える！ 売買契約時に当事者が用意するもの

❶ 印鑑 ⇒ 本人立ち会い契約の場合、売主買主共「認印」で可能
❷ 本人確認資料 ⇒ 個人 運転免許証、パスポート、健康保険証
　　　　　　　　⇒ 法人 商業登記簿謄本、代表者本人確認資料
❸ 委任状・印鑑証明書（委任者）
　　⇒ 代理人契約の場合、委任者は委任状に自署で署名「実印」で押印する。また、契約に同席する受任者の本人確認資料が必要となる
❹ 収入印紙 ⇒ 売主買主とも、売買契約書貼付分として用意する
❺ 手付金 ⇒ 買主が用意する。事前に金種（現金、小切手など）を確認する

［第7章］不動産取引の「実践知識」を身につけよう

06 手付金と手付解除の定め方

Point

❶ 契約締結と手付金授受により法的責任が発生
❷ 手付解除では金額と解除期日の定め方が重要
❸ 宅建業者には手付金の保全措置の義務がある

手付金と解除期日は偏りのない定め方が鉄則

不動産営業をしていると、お客様から「仮契約」という言葉を聞くことがあります。第7章02 でもお話ししましたが、お客様が売買契約に対し「仮」という認識をすることは、宅建業者の説明上の責任が考えられます。

不動産取引における［正式な契約］

不動産取引では、当事者間で売買契約を締結し手付金の授受を行うことで、「正式な契約」として成立し、契約当事者は法的責任を負う

宅建業者は、契約当事者に手付金に関する十分な説明を行い、お客様自身が「**すでに大切な取引がスタートしていて、相手方に対しても責任ある立場**」という意識を持つことができるよう、常にサポートすることが大切です。

手付金の授受に関し、宅建業者が注意すべき事項

例❶ 売買契約を先行し、後日、手付金を受け取る
　　⇒ 信用供与による契約誘引行為になってしまう

例❷ 買主に手付金を貸し付け、契約を行う
⇒ 手付金貸し付けによる契約誘引行為になってしまう

上記の例はいずれも、宅建業法で「**禁止行為**」として定めている行為であり、仮に**知らずに行ったとしても完全な「宅建業法違反」**となるため十分に注意しましょう。次に「**手付解除**」とは、**契約締結後、手付解除期日として定めた期日までは、原則理由を問わず、買主は手付金を放棄することで、売主は手付金を返還しさらに手付金と同額を買主に支払うことで、契約を解除できる**とするものです。これを不動産業界では「**手付流しの倍返し**」といいます。

重要なポイントは、手付金の金額と解除期日の定め方です。不動産取引では、**手付金は売買価格の10％程度、手付解除期日は契約締結後30日程度とする**ことが多いのですが、買主が自己資金が少なく手付金を用意できないときは、売主の十分な理解を得たうえで手付解除期日や次節でお話しする「**違約金**」の設定を行い、少額での手付解除による売主のリスクを軽減できるよう調整します。

解除によるリスクが当事者の一方に偏らないよう適正に定める

なお、**売主が宅地建物取引業者の場合、一定額を超える手付金を受領する場合、銀行、保険会社、指定保管機関での保管（手付金の保全措置）が必要**になります

売主が宅地建物取引業者の場合の 手付金保全措置の条件

❶ 未完成物件 売買価格の5％を超えるか1,000万円を超える場合
❷ 完成物件 売買価格の10％を超えるか1,000万円を超える場合

[第 7 章] 不動産取引の「実践知識」を身につけよう

違約金と違約解除の定め方

Point
❶ 違約解除は**相手方の契約不履行**に対する解除
❷ 違約解除は**申出側の履行の着手と催告**が必要
❸ 宅建業者が売主の場合は**損害賠償額に制限有**

違約解除を考慮した手付金と解除期日の設定を

売買契約を締結すると、売主には物件引き渡しの義務、買主には代金支払いの義務が生じます。**「違約解除」とは、当事者の一方がこの義務を履行しないとき、「契約違反（債務不履行）」として、相手方は「損害賠償の請求」を行い、催告しても履行されない場合には契約を解除できるとする**ものです。

手付解除と違約解除の違いをまとめると次のようになります。

❶ 手付解除 ⇒ 手付解除期日までであれば、原則、理由を問わず解除できる
❷ 違約解除 ⇒ 相手方の契約違反に対し、解除の申し出をする。申し出する側の履行の着手と相手方への催告が必要である

ここでの重要な点は、違約解除を申し出る者が、契約の「**履行に着手**」しているという点ですが、ポイントは「**客観的に外部から見てわかるような形で履行の一部を行った**」という点です。言葉だけではわかりにくいので、実際の不動産取引において、履行の着手とみなされる具体例を挙げてみましょう。

売主の履行の着手	❶買主の希望に応じ建物を解体し更地にした
	❷買主の希望に応じ土地の実測を行った
	❸買主の希望に応じ建物の内装工事を行った
買主による履行の着手	❶中間金（内金）を支払った
	❷引き渡し期日をすぎ、繰り返し催告を行った
	❸建築業者に着工金を支払い、建築請負契約を行った

　実際には「履行の着手」に対する見解は単純ではなく、紛争となれば契約内容や経緯をすべて鑑みて判断します。不動産取引の実務では、**あらかじめ「手付金相当額の負担で」解除できる期日（「手付解除期日」）を設定し、その期日を越えて「契約不履行」があれば、「違約金を請求できる」**と取り決めます。前節でお話しした手付金の金額と手付解除期日の定め方がいかに重要であるかがわかります。

> **違約金や損害賠償の予定に関して**
> 手付金や手付解除期日同様、当事者の一方に偏り、一方に不利益になるようなことがないよう、十分に配慮する必要がある。そのためには、当事者に金額、期日を説明するだけでなく、それぞれの意味あい、想定されるリスクなどを十分に説明することが大切

覚える！

不動産取引における違約金・損害賠償額の予定の定め方

❶ **売買価格の10 ～ 20％程度**
❷ **手付金相当額**
　※ ただし手付金が少額の場合、上記❶を選択することが多い。
❸ **宅地建物取引業者自ら売主の場合、違約金や損害賠償額の予定の合計額が売買価格の10分の2を超えてはいけない（損害賠償額の予定などの制限）**
　※ ただし、宅地建物取引業者間の取引には適用されません。

［第7章］不動産取引の「実践知識」を身につけよう

08 融資利用特約

Point

❶ 融資利用特約は融資非承認時の買主保護特約
❷ 金融機関名、融資利用条件、特約期日を明記
❸ 資金計画時の買主への聞き取り調査が最重要

融資利用特約の目的は、融資非承認時の買主保護

「融資利用特約」とは、買主が売買代金の一部または全部に融資を利用することを条件に売買契約を締結し、予定していた融資の全部または一部が不成立となった場合、買主は契約を解除することができ、すでに授受された手付金も返還されるとする特約です。

融資利用特約を契約条項に定める際の注意点

❶ 金融機関名、融資利用額、金利、融資利用特約の期日を契約書に
　明示する
❷ 資金計画の段階で、買主の既存借り入れの有無、事故履歴の有無
　など、可能なかぎりの情報を聞き出して対応する

融資利用特約の目的は「買主保護」にあり、融資利用の前提は買主が計画的に無理のない返済を続けていくことにあります。したがって、融資が利用できれば、どの金融機関、どのような条件でもかまわないということではなく、あくまでも「買主の意向を反映した融資内容」のもとで保護することが大切です。

実際、買主が希望する金融機関で融資が断られたにもかかわらず、

218

不動産業者が買主の解除の申し出を認めず、複数の金融機関を連れ回すといったトラブルも起こっています。

一方、事前審査は承認されていたにもかかわらず本審査で非承認となり、**その理由が買主による不告知や虚偽告知によるものであれば、特約を無条件で解除するというわけにはいきません。**また、契約後に買主の購入意欲がなくなったり、ほかの不動産に乗り換えたくなって意図的に融資の持ち込みを怠ったときには、買主の立場として契約不履行による損害賠償請求を受ける可能性もあります。

金融機関の事前審査の精度は本審査なみに高いので、宅建業者が買主の属性面の確認や不動産の調査、金融機関との入念な打ちあわせを行ったうえで承認を得ていれば、本審査で否定されることはほとんどありません。しかしながら、事前審査のない融資の場合や想定外の内容により融資が非承認となるリスクも残されているので、宅建業者としては、より正確な資金計画と聞き取り調査を行ったうえで、適切な融資利用特約の利用を徹底することが大切です。

ちなみに、**融資利用特約の期日は、通常、売買契約締結後、30日程度で設定**しますが、事前審査が承認されていて、買主の不告知など、新たな問題が起こらないかぎり、この期間内で審査結果が得られます。

融資利用特約の種類

❶ **解除条件型**⇒融資が非承認となった場合、自動的に契約解除となるケース

    条文例 融資の承認が得られなかった場合、契約を解除する

❷ **解除権留保型**⇒融資が非承認となったため、解除する旨を申し出るケース

    条文例 融資の承認が得られなかった場合、契約を解除することができる

※ ❷の場合、減額であれば減額分を親からの援助などにより補填し、契約を進めるといった選択肢もあります。

[第7章] 不動産取引の「実践知識」を身につけよう

09 共有名義物件の注意点

Point

❶ 共有名義では共有者全員の同意と承諾が基本
❷ 共有名義案件の取引では全員同席を徹底する
❸ 共有名義案件の取り決め事項はすべて書面化する

共有名義案件は「やりすぎてちょうど」の精神で

　売主が「共有名義」の場合の注意点は、「共有者全員の同意と承諾を得る」これに尽きます。

　共有名義というと、一般的に親子、夫婦、相続の場合であれば兄弟という場合もあります。一般的にこの言葉を聞いて最初にイメージするのは、「共有者間の円滑な関係か否か」です。当然、円滑な関係の場合も多いのですが、そうでないケースも山ほどあります。

　たとえば、離婚による財産分与や相続による遺産分割の場合、「売却」という方向性は一致しているのですが、関係が円滑でないケースも多く、意向の食い違い、感情のもつれから手続きが難航することもよくあります。利害関係者間の「お金」に関わる問題ですから当然といえば当然です。どのような場合でも、共有名義物件の取り扱いは宅建業者として必ず徹底すべきことがあります。それらが次の3点です。

共有名義物件を扱ううえでの注意点

❶ 売却条件や方向性などに関し、必ず共有者全員の同意と承諾を書面で取る
❷ 契約や決済に関しては、原則、共有者全員の同席を条件とする

❸ 書面には共有者全員が実印で押印、印鑑証明書の添付を原則とする

次に「**買主が共有名義となる場合**」の注意点ですが、こちらに関しては、将来の離婚の可能性を前提にアドバイスするわけにもいかないので、主に贈与に注意した持分設定、住宅ローン控除、相続対策に対する説明をします。

共有名義の契約の難しさは、関係者が複数になると、それぞれの意向や認識にズレが生じたり、理解度にも差が出てしまうことが多く、契約後「そういうつもりはなかった」という感じで問題が起こる危険性が高いという点です。これは、打ちあわせや契約の場に関係者全員が同席していても起こる問題です。特に更地渡しや内装渡しといった条件が付された案件では、1対1の当事者間ですら認識のズレからトラブルが生じる危険性が高く、共有名義で当事者が複数となれば、なおさら問題が起こる可能性が高まります。

> **宅建業者として大切なこと** 当事者が5人なら5回説明する。10人であれば10回同じ説明をする

宅建業者がこのような案件を取り扱ううえでの心得は、何度でも同じ説明をすることです。**「やりすぎてちょうど」の精神が大切**です。

覚える！ 共有名義のメリット・デメリット

❶ メリット ⇒ 住宅ローン控除、3,000万円控除がそれぞれで受けられる

※ 住宅ローン控除は共有者の連帯債務またはペアローンを利用する必要があります。

❷ デメリット ⇒ 共有者の死亡で相続が発生。離婚による売却処分の可能性。持分設定によっては贈与税が課税される可能性

221

[第7章] 不動産取引の「実践知識」を身につけよう

10 代理人による契約の注意点

Point

❶ 代理人契約は事前の委任者の意思確認が重要
❷ 代理人契約は委任する権限範囲を明確にする
❸ 権限を超える内容は委任者に確認後対処する

代理人契約は委任状だけで安心してはいけない

　不動産取引では、**契約者本人による立ち会い契約が原則**です。これは、前節でもお話ししましたが、共有名義の取引においても同じです。しかし、どうしても契約者本人あるいは共有者全員の立ち会いによる契約が困難な場合、代理人による契約を行うことになります。代理人契約に関する重要ポイントをまとめると次のようになります。

❶ 委任者の意思を正確に確認する
❷ 代理人に委任する権限の範囲を明確にする

　代理人契約は、形式さえ整えれば法的に問題のない行為ですが、**不動産取引の場合、委任者の意向と受任者の認識とにわずかなズレが生じるだけでも、後日、大きなトラブルに発展する**危険性があります。

　たとえば付帯設備の取り扱いなど、物件の引き渡し状態に関しては、「付帯設備表」をもとに契約の場で相手方から相談を持ちかけられたりするケースも多く、代理人の判断に対し、「そんなつもりはなかった」「そこまでの権限を与えたわけではない」など、委任者が異議を申し出て、相手方を巻き込むトラブルに発展してしまうケースもあります。

222

宅建業者として大切なこと 代理人契約の場合、予測される相談事項に関して、事前に委任者の意思確認を行っておくこと、代理人への委任権限の範囲を超える判断が必要となった場合、その場で判断せず、委任者の意向を確認したうえで対処するということが大切。また、契約の相手方に対しても、代理人契約となる旨を事前に説明し、相談事項は契約までに確認して対処する

なお代理人には、**本人に代理権を与えられる「任意代理人」**と法律の規定により代理権が与えられる**「法定代理人」**があり、未成年者の親権者や成年被後見人の成年後見人などは法定代理人となります。成年後見人による契約の注意点は、次節でお話しするので、ここでは未成年者による契約の注意点に触れておきます。法律上、**未成年者は単独で法律行為を行うことはできないので、所有する不動産を売却する場合は、法定代理人（通常は親権者）の同意または代理により行うこと**になります。ちなみに親権者がいない場合は、「未成年者後見人」が選任されることになります。

覚える！

委任状に記載する内容

❶ 委任者住所・氏名⇒必ず自署、実印で押印。印鑑証明書添付。日付も忘れずに

❷ 受任者住所・氏名⇒委任者が記載、または事前に記載しておく。空白は絶対にタブー

❸ 取引内容・取引日⇒ **例** 令和○○年○○月○○日付、不動産売買契約

❹ 委任権限の範囲 ⇒ **例** 売買契約書への署名押印、手付金の受領、領収証の発行など

❺ 目的となる不動産の表示

● 委任状書式サンプル

委 任 状

住　所　東京都豊島区池袋○−○−○
氏　名　黒　木　忠　義

> 委任者が記入または事前に記入しておく

　私は、下記不動産を目的とする令和○○年○○月○○日付不動産売買契約の締結に関し、上記の者を代理人と定め、以下の権限を委任します。

> 日付・契約の種類を特定する

1. 売主代理人として売買契約書に記名押印すること
2. 付帯設備表、物件状況確認書に記名押印すること
3. 買主からの手付金を受領し領収証を交付すること

> 委任権限の範囲を明確にする

不動産の表示

土　地〔所在〕東京都千代田区飯田橋○−○−○
　　　〔地目〕　宅地
　　　〔地積〕　99 m²
建　物〔所在〕　東京都千代田区飯田橋○−○−○
　　　〔家屋番号〕飯田橋○丁目○○番
　　　〔種類〕　居宅
　　　〔構造〕　鉄骨造陸屋根3階建
　　　〔面積〕　150 m²

令和○○年○○月○○日

住　所　東京都中野区中野○−○−○
氏　名　石　井　一　郎　　㊞

> 必ず自筆で記入する

> 実印を捺印する印鑑証明書も必要

［第7章］不動産取引の「実践知識」を身につけよう

11 成年後見人との契約の注意点

Point

❶ 成年後見制度には、任意後見と法定後見がある
❷ 不動産処分には、必要性と相当性が必要である
❸ 居住用不動産の処分は家庭裁判所の許可が必要
❹ 後見監督人が選任されている場合は、同意が必要

居住用不動産の処分には家庭裁判所の許可が必要

　「成年後見制度」とは、認知症、知的障害、精神障害などにより十分な判断能力を持たない人を法律的に支援・援助する制度で次の2つの種類があります。

❶ 任意後見 ⇒ 本人の判断能力が衰える前に後見人を選任する
❷ 法定後見 ⇒ すでに本人の判断能力が十分でない状態で選任される

　成年後見人には親族が選任されるケースもありますが、後見制度の内容が複雑であり、横領や親族間の紛争などの問題が多いこともあり、司法書士や弁護士といった専門家が選任される場合も増えてきています。**成年後見人には「包括的な代理権」が付与されており、「必要性」と「相当性」が認められれば、不動産を処分することも可能**です。

❶ 必要性 ⇒ 生活費や医療費捻出など、目的に必要性がある
❷ 相当性 ⇒ 価格などが市場相場と比較しても相当である

225

これから高齢化が加速すれば、成年後見人を当事者として不動産取引を行う機会が増えていきます。ここで特に注意すべき点は、対象となる不動産が居住用不動産の場合です。「居住用不動産」とは、被後見人が居住用に使っている不動産で、一次的に病院や施設に入院・入所していて退院後に帰る予定の不動産も含まれます。**成年後見人が非居住用不動産を処分する場合は、必要性と相当性が認められれば可能**となりますが、**居住用不動産の処分に関しては、家庭裁判所の許可が必要**となり、許可を得ず行われた処分は無効となります。

　また「成年後見監督人」が選任されている場合は、**成年後見監督人の同意が必要**です。

成年後見人との契約の注意点

❶ 成年後見人による不動産の処分 ⇒ 必要性かつ相当性が必要

❷ 居住用不動産の処分 ⇒ 家庭裁判所の許可が必要

❸ 成年後見監督人が選任されている ⇒ 成年後見監督人の同意が必要

❹ 登記事項証明書［後見］⇒ 成年後見人の立場を事前確認

　一般的な代理人契約とは異なり、**所有者本人に意思確認できない成年後見人との契約では、書類による成年後見人の立場の確認と処分理由（必要性）、処分価格（相当性）の見極めが非常に重要**となります。

覚える！

成年後見人の不動産登記必要書類

❶ 登記済権利証書または登記識別情報

❷ 成年後見人の印鑑証明書、実印

❸ 登記事項証明書［後見］または成年後見人の選任審判書

❹ 家庭裁判所の売却許可決定書（居住用不動産の場合）

❺ 成年後見監督人の同意書・印鑑証明書（成年後見監督人が選任されている場合）

［第7章］不動産取引の「実践知識」を身につけよう

12 現状有姿を学ぼう

Point

❶ 現状有姿とは手を加えず「あるがままの姿」
❷ 現状有姿とは引き渡し時の「あるがままの姿」
❸ 現状有姿は契約不適合責任との関わりが重要

「現状有姿」は仲介業者の「逃げ道」ではない

不動産取引でトラブルに発展する危険性が特に高いのが、「現状有姿」という言葉です。売買契約書の条文にも**「物件の引き渡しは現状有姿による」**という文言が普通に使用されていますが、中古物件の取引においては次のように解釈されています。

> **中古物件における現状有姿**
>
> ❶ 対象となる不動産に経過年数に応じた小さい傷、汚れが存在していても、特に修繕など売主側で「手を加える」ことなく、「あるがままの姿」で引き渡しを行う
> ❷ 契約締結後、引き渡しまでの間で、対象となる不動産の状況に変動が生じたとしても、売主の立場としては引き渡し時の「あるがままの姿」で引き渡しを行う

そして、**「あるがままの姿」**で引き渡しを受けた買主が、「契約時に約束した内容と違う」という理由で売主に目的物件の補修などを求めるのが、次節でお話しする**「契約不適合責任」**となります。

「現状有姿」という言葉の持つ危険性は、当事者だけでなく不動産業

227

者によっても認識に曖昧な点があり、思い込みや認識のズレから、後日、大きなトラブルに発展することが非常に多くあります。

　実際、問題が生じると「現状だからしかたがない」とか「中古だからあたりまえ」といった、とても納得できるはずもない言葉ばかりを繰り返す不動産業者をよく目にします。問題は**「現状有姿」という言葉に対する具体例を示し、「契約不適合責任」との関わりで説明できなかった不動産業者自身にあり、あえて厳しい言い方をすると「現状有姿」という言葉を「逃げ道」にしている**のです。

　「現状有姿取引」で、よく当事者間の認識のズレが生じる内容として、**売主自身が設置した設備類や備付家具、一戸建の場合で多いのが、庭木、庭石など**が挙げられます。建物内に設置された設備類や備付家具や落ち着いた雰囲気を醸し出す庭木、庭石が、買主が購入を決意した最後の「決定打」になったというケースも少なくありません。

　中古物件の現状有姿取引では、契約締結後、引き渡しまでの間で目的物の状況に変動が生じても、引き渡し時の「あるがままの姿」で引き渡しを行うことになるため、**宅建業者としては「引き渡し時の状態」を細部まで当事者に説明し、理解してもらうことが重要**なのです。

宅建業者として大切なこと　契約当事者の理解が不十分なままに手続きを進めることのないよう、当事者の意向、引き渡し状態、契約不適合責任との関係に関し、しっかりとした説明をすること

覚える!

見落としがちな確認ポイント

❶ 備付家具、エアコン、照明器具、ウォシュレットなどの取り扱い
❷ 庭木、庭石、ガーデニング用品、物置、郵便受けなどの取り扱い

［第7章］不動産取引の「実践知識」を身につけよう

13 担保責任（契約不適合責任）を学ぼう

Point

❶ 契約不適合に対する買主救済手段は4つある
❷ 契約不適合の責任追及には期間の制限がある
❸ 契約不適合責任の免責特約は原則有効である

契約不適合には4つの権利で対抗できる

契約不適合責任とは、買主に引き渡された目的物が種類・品質、数量、移転した権利に関して「契約内容に適合しない」ものであった場合に、売主が負うべき責任を定めたものです。契約不適合に対して、買主は「❶追完請求」「❷代金減額請求」「❸損害賠償請求」「❹契約解除」の4つの権利が行使できます。

❶ 追完請求⇒目的物件に雨漏りやシロアリの害など欠陥があった場合に売主に補修を求めたり、抵当権などが設定されている場合に売主の責任において消滅させるようなケース。売主の帰責性（法的な責任）は不要

❷ 代金減額請求⇒相当の期間を定めて催告し、売主が期間内に追完しない場合、または追完不能の場合は無催告で請求できる。売主の帰責性は不要

❸ 損害賠償請求⇒目的物件が契約内容に適合しないことに対し、売主に帰責性があれば損害賠償請求することが可能

❹ 契約解除⇒催告したが売主が履行に応じない場合※や履行不能の場合は契約解除できる。売主の帰責性は不要

※ ただし不履行が軽微なものを除く

229

買主の権利行使と期間の制限

買主が契約不適合に対し4つの権利を行使するためには、**種類・品質に関する契約不適合を知ったときから1年以内にその旨を売主に通知することが必要です**。ただし、❶数量や移転された権利に契約不適合がある場合、❷売主が引き渡し時に不適合を知っていたか、重大な過失により知らなった場合は、**買主は期間の制限を受けず消滅時効の規定に従い、不適合を知ったときから5年、目的物件の引き渡しから10年で時効となります**。

契約不適合責任の免責特約は有効

原則、「売主は契約不適合責任を負わない」旨の特約は有効です。ただし、売主が不適合の事実を知っていたにも関わらず買主に伝えていなかった場合などは責任を免れません。**宅建業者としては、不具合の有無や程度、免責とする範囲を明確に提示し、当事者の合意のもと特約を付すことが重要**です。

宅建業者の役割は契約当事者の保護

宅建業者の最大の役割は契約当事者の保護です。認識の違いや思い込みから売主や買主が不測の被害を受けることがないよう、目的物件の引き渡し状態に関して徹底して調査、確認を行うことが必要です。そのためにも「付帯設備表」「告知書」の重要性、「既存住宅状況調査」「既存住宅売買瑕疵保険」の必要性を売主、買主とともに再確認し、当事者保護の実現に向け最大限努力しましょう。

覚える！ 契約不適合の具体例

❶ 建物 ⇒ 雨漏り、シロアリの害、木部の腐食、給排水設備の故障など

❷ 土地 ⇒ 地中埋設物、土壌汚染、軟弱地盤、擁壁不良、境界越境など

❸ 権利 ⇒ 抵当権や地上権などの付着、一部が他人の権利である場合など

［第7章］不動産取引の「実践知識」を身につけよう

14 危険負担を学ぼう

Point

❶ 危険負担の前提は、**当事者が法的に責任のない理由**
❷ 修復可能な毀損なら、**売主の責任で修復し引き渡す**
❸ 滅失の場合、**買主は売買代金の支払いを拒絶できる**

あり得ないはあり得ない！　他人事ですまされない

　私は契約の場で、売買契約書の「**危険負担**」の条項を説明しながら今でも思い出すことがあります。2011年3月11日、午前中に予定していた契約を終え、帰社後、デスクに着きひと息ついたその瞬間でした。午後2時46分、東日本大震災発生。幸いお客様にも取引物件にも被害はなかったのですが、その瞬間からこう思うようになりました。「**あり得ないはあり得ない**」

> **危険負担とは**　契約締結後、物件引き渡しまでの間、天災地変など、売主、買主のいずれにも法的に責任のない理由で目的物件が滅失または毀損した場合、<u>修復可能であれば売主が修復し買主に引き渡す</u>。目的物件が滅失した場合は、<u>買主は売買代金の支払いを拒絶し、契約を解除できる</u>というもの

　危険負担に関しては、令和2年4月1日施行の改正民法で大きな変更がなされました。改正前民法では、「**当事者が法的に責任のない理由で目的物件が引き渡し前に滅失した場合でも買主は代金を支払わなければならないもの**」と定められており、この不合理に対して、実際の

231

不動産取引の場では売主負担への置き換えという形で対応していました。**改正民法ではこの規定が削除され、目的物件引き渡し前の「万が一」に対し「買主は代金支払債務の履行を拒絶できるもの」と改められました（履行拒絶権）。**ただし、**買主の代金支払債務は存続するため、債務を消滅させるためには契約解除が必要である**点を押さえておきましょう。

民法と危険負担

❶ 改正前 ⇒ 債権者主義。万が一のリスクは債権者（買主）が負う

❷ 改正後 ⇒ 債務者主義。万が一のリスクは債務者（売主）が負う

　実際に、この「万が一」が起こってしまった場合、目的物件の滅失、毀損以外にも売主には大きなリスクが伴うことになります。たとえば、手付金をほかの債務の弁済などに充ててしまったり、買い換え先の手付金に充当してしまったりといった場合です。**宅建業者としては、売主に十分な説明を行い、ほかの債務の支払い時期の調整、買い換え先の契約時期の調整や特約条項による保全など、「万が一」に備えた適切なサポートをすることが大切です。**

　次に、物件の引き渡し後に当事者に法的責任のない理由で滅失または毀損した場合はどうでしょうか。この場合は買主の負担となります。重要なポイントは**目的物件の「引き渡し」が基準になる**という点です。特に売主の買い換えに伴う目的物件の引き渡し猶予期間の設定を条件にした契約の場合など、目的物件の引き渡し、売買代金の支払いが同時履行でない案件は、慎重な対応が必要です。

目的物件の滅失と買主の契約解除権

❶ 売主に責任のある滅失 ⇒ 買主は債務不履行による契約解除で対応

❷ 売主に責任のない滅失 ⇒ 買主は危険負担の履行拒絶権行使と契約解除で対応

［第7章］不動産取引の「実践知識」を身につけよう

15 クーリングオフを学ぼう

Point
❶ 対象となる取引は宅建業者を売主とする売買
❷ 宅建業者の事務所など以外での申し込みに適用
❸ 適用期限は書面による告知日から8日以内

買い受けの意思表示を受けた場所が最重要

　「クーリングオフ」という言葉で、一般的に思い浮かぶのは、訪問販売やキャッチセールスですが、不動産取引に関しても「宅地建物取引業法」でクーリングオフ制度が定められています。宅地建物取引業法で定めるクーリングオフ制度のポイントは次のようになります。

❶ 対象となる不動産取引は、不動産の「売買」のみ。「賃貸」は適用対象外
❷「誰」と「どこ」で契約（申し込み）したかが明確になっているか

宅建業法で定めるクーリングオフ適用要件
❶ 売主が宅地建物取引業者である
　※ 売主が宅地建物取引業者でない個人などの場合は適用外となります。
　※ 買主が宅地建物取引業者の場合は、適用外となります。

❷ 宅地建物取引業者の「事務所など以外」での申し込みか契約である
　※「事務所など以外」とは、喫茶店、レストラン、買主の自宅、勤務先などです。

❸ 代金の支払いをしていないこと、または物件の引き渡しを受けていないこと

❹ クーリングオフできる旨およびその方法を書面で告知された日から起算して8日以内であること

※申込日や契約締結日からの起算ではありません。
※書面による告知がなければ買主は8日以内の制限を受けません。

クーリングオフ適用外となるケース

❶ 宅地建物取引業者の「事務所など」での申し込みか契約である

※「事務所など」とは、店舗、営業所、案内所、モデルルームなどをいいます。

❷ 買い受けの意思表示を「事務所など」で行っていて、後日、「事務所など以外」の場所で契約締結した場合

❸ 買主の自宅や勤務先など、買主が指定した場合

いかがでしょうか、ここまで読むと「ドキッ」とする内容がありませんか？　たとえば、お客様の案内後、現場や立ち寄った喫茶店で「買付証明書」を書いてもらうことも結構あります。**クーリングオフは「購入の意思表示をどこでもらうか」が1番のポイント**です。

宅建業者として大切なこと　自ら売主となる場合、後日のトラブルを避けるためにも、この制度に対する理解を深め、依頼者に対し十分な説明を行うことが大切

覚える！

宅建業者のトラブル防止法

❶ 買主からの買い受けの申し出は、必ず「事務所など」で受ける
❷ 必ず「書面」で、クーリングオフの要件を説明する
❸ 買主が指定した自宅、勤務先で契約を行う場合、買主が契約場所として指定した旨を書面として残しておく

［第7章］不動産取引の「実践知識」を身につけよう

16 停止条件と解除条件

Point

❶ 停止条件は条件の成就により効力が発生する
❷ 解除条件では条件の発生で効力を消滅させる
❸ 紛争やトラブルでは効力の発生時期が重要

契約の「有効性」は「条件」の定め方次第

　今後、みなさんが宅建業者として、さまざまな案件を取り扱っていくうえで、絶対に覚えておいてほしい知識として、「停止条件」と「解除条件」があります。実際、不動産業者として何年も経験を積んでいる人でも、この2つの「条件」を混同して誤った解釈をしています。

　実務的に考えるのであれば、「条件」として挙げている内容が成立しなかった場合の対応として、**「決済できない」という同じ結論で処理を進める**わけですが、契約内容、権利関係が複雑だったり、当事者間で契約に関わるほかの問題が生じ、最悪、紛争にまで発展してしまった場合、契約の効力発生時期など、この2つの「条件」の法的意味あいが非常に重要な意味を持ちます。

❶ 停止条件

停止条件⇒一定の「条件」が「成就」することにより、はじめて「効力」が生じること

不動産取引の場合、**売買契約を締結しても、「条件」が「成就」する**

までは、契約の効力は発生していません。「条件」が「成就」したとき
に、契約締結日までさかのぼって効力が発生します。逆に「条件」が
「成就」しなければ、契約自体がはじめからなかったものになります。

よく「停止条件が成就しなければ、買主は本契約を解除できる」とい
った条文を特約に記載している不動産業者がいますが、これは間違いで
す。もともと効力が生じていない契約に対する解除はできないのです。

❷ 解除条件

解除条件 ⇒ 一定の「条件」の発生により「効力」を消滅させること

不動産取引における代表的な例として、「融資利用特約」があります。
これは、住宅ローンが不成立となった事実によって、契約締結時に発
生した「効力」を「解除」という行為で消滅させるわけです。

第7章08 でもお話ししましたが、融資利用特約には、融資が不成
立になったら自動的に解除となる「解除条件型」と買主の意思により
解除の申し出を行う「解除権留保型」があり、「解除権留保型」であれ
ば、買主は解除することも、融資減額分を自己資金で補填し契約を履
行することもできるわけです。実際の不動産取引では「融資を受ける
ことができなかった場合は、買主は契約を解除することができる」と
いった「解除権留保型」で使用する場合が一般的です。

停止条件も解除条件も条件の定め方が重要なのです。

停止条件と解除条件の具体例

❶ 地主の承諾を停止条件とする「借地権つき土地売買契約」
❷ 債権者同意が得られることを停止条件とする「任意売却」
❸ 融資が不成立になったら、解除することができる「融資利用特約」
❹ 自宅が売却できなかったら、解除することができる「買い換え特約」

[第 7 章] 不動産取引の「実践知識」を身につけよう

17 更地渡しの盲点

Point

❶ 更地渡しの定義の曖昧さがトラブルを生む
❷ 地中埋設物の可能性が売買価格に大きく影響
❸ 当事者の作業内容や費用負担を明確に分ける

「掘ってみないとわからない」は通用しない

宅建業者が取り扱う不動産のなかでも、比較的、難易度が高い案件として「古家付の土地」、正確には「更地渡しを条件とした古家付の土地」があります。

「古家付の土地」を購入する人は、建物の建築などを目的に必ず「古家を解体」することになりますが、この古家解体を売主の費用負担で行い、「更地」にして引き渡しを行うことを条件に売買契約を締結する場合は最も注意が必要です。

一般的に「更地渡しとは、古家を解体し、物置などの構築物を撤去すること」と思われていますが、**建物を建築する場合、必ず「掘り起こし調査」を行い、前の建物の基礎、浄化槽、木の根っ子といった「地中埋設物」を除去処分したうえで作業を進める**ことが必要になります。

また、工場跡やガソリンスタンド跡のような土地の場合、さらに注意が必要です。一般的な一戸建と違って、建物の基礎も大きく、なかには産業廃棄物が埋設されている場合もあるので、**適切な埋設物処理とともに「盛土」「切土」といった造成工事が必要となり、想定外に高額な出費が生じる**危険性があります。

「更地渡し」という言葉には明確な基準がなく、不動産業者によって

237

も認識に違いがあるので、**古家解体後の引き渡しも「更地渡し」、古家解体後、地中埋設物の処理まで行っても「更地渡し」として取り扱われているのが実情**です。

現実問題として、宅建業者の立場でできる調査にも限界があり、完璧な調査を行ったうえで進めるということであれば、当然費用負担が生じます。だからといって、当事者の認識や理解が曖昧なまま契約を進めることほど危険なことはありません。

宅建業者の立場で「更地渡しを条件とした古家付の土地」の売買を行う場合に、必ず行うべき内容は次の3つになります。

❶ 売主や近隣住民へのヒアリングや法務局・役所での調査により過去の建築物を調査し、地中埋設物の可能性や費用面を検討する
❷ 売主と買主との認識にズレが生じないよう、引き渡し条件として売主が行う作業内容と引き渡し状態、購入後に買主の立場で行うべき作業内容を明確にする
❸ 売主側で生じる費用負担、建物建築費以外に買主側で必要となる費用を十分に試算したうえで、最終的な取引価格を提案する

「地歴調査」の基本

❶ 閉鎖謄本を確認する⇒建物を取り壊し滅失登記を行った記録を確認する
❷ 空中写真・古い地図を確認する⇒国土地理院のサイト（www.gsi.go.jp/tizu-kutyu.html）や図書館で確認する

[第7章] 不動産取引の「実践知識」を身につけよう

18 内装渡しの盲点

Point

❶ トラブルの1番の原因は、宅建業者の説明不足
❷ 工夫次第で、買主の疑問や不安は現実的期待へ
❸ 買主が知りたい情報は、施工業者の「仕事の質」

内装済物件に勝る本物のサービスを提供しよう

「更地渡し」同様、当事者の認識のズレや宅建業者の説明不足から、思わぬトラブルに発展してしまう取引のひとつに「内装渡し」があります。

新築未完成物件の場合、モデルルームや完成済物件の内覧により、住宅設備や内装の仕様関係を把握することがある程度可能ですが、中古物件の内装渡しの場合、見本帳やパンフレットを使用し、完成後の状態を買主に説明することになるので、**どうしても買主がイメージする状態と実際の内装後の状態に「食い違い」が生じやすくなります。**

この「食い違い」には、買主の「期待値」が含まれるので、100%期待どおりということは難しいかもしれませんが、**宅建業者の工夫次第では、かなり買主のイメージする状態や期待値に近づけることができます。**

まず、買主に提供する基本資料として、内装工事の「仕様書」と「施工図面」を用意します。この「仕様書」には、実際に使用する設備や資材の規格や型番が明示されています。「施工図面」と照合しながら見本帳やパンフレットで説明しますが、この段階で絶対に覚えておきたい重要なポイントがあります。

239

内装渡しで満足させるポイント ❶　売主の予算に大きく影響しない内容に関しては、可能なかぎり買主本人に選んでもらうようにする。たとえば、クロスやフローリングの材質、色あい、模様、住宅設備でも同規格、同程度の商品の中から買主本人に選択してもらう

　この「選ばす」という行為、基本的な話のようですが、実際の現場ではあまり行われていません。その理由のひとつに、**「内装渡し＝サービス＝仕あがりはお任せ」という構図が、売主や宅建業者に根づいている**からです。自分で「選ぶ」ことで得られる「満足感」を買主に感じてもらう最高のチャンスを逃してはいけません。

内装渡しで満足させるポイント ❷　依頼する施工業者の同程度の仕様の内装実績を、写真や動画で紹介する。内装済みで内覧可能な現場があれば、積極的に案内する

　実際、**ほかの物件でも、内装済みの現場を見て歩くことで、お客様の疑問や不安は現実的な期待へと変わる**でしょう。なぜなら**お客様が本当に必要としている情報は、設備や資材の規格や型番ではなく、実際に手で触れる「安心感」からわかる施工業者の「仕事の質」**だからです。宅建業者としては、**目に見える「内装済物件」に勝る「本物サービス」**を提供できるかが腕の見せ所です。

内装渡しの対応のしかた

❶ 内装後の状態を仕様書や施工図面をもとに説明する
❷ 内装用資材は可能なかぎり買主本人に選んでもらう
❸ 施工業者の実績を写真、動画、実際の現場で見てもらう

［第7章］不動産取引の「実践知識」を身につけよう

19 心理的瑕疵の説明 ①

Point

❶ 売主には心理的瑕疵の告知義務が求められる
❷ 宅建業者には買主への説明義務が求められる
❸ 買主の立場で事実を理解しておくことが重要

心理的瑕疵の基本は、買主の立場で考えること

宅建業者として長年営業を続けていると、誰でも1度は経験する案件に「心理的瑕疵物件」があります。**一般消費者の立場でいう心理的瑕疵物件とは、自殺、他殺、火災といった事件・事故に関わる「事故物件」の意味あいが強いと思いますが、暴力団事務所、火葬場といった「嫌悪施設」も広義では心理的瑕疵物件として取り扱われます。**

また、最近特に問題となっている高齢者の孤独死も、死後数週間以上経過して発見されているようなケースは「心理的瑕疵」として取り扱われます。

宅建業者が「心理的瑕疵」のある物件を取り扱う際、1番に考えなくてはいけないのが「買主」の立場です。

心理的瑕疵の定義 「契約の判断に重要な影響をおよぼす事項」、わかりやすくいうと、契約前にその「事実」を知っていたら契約していたかわからないほど重要な事項ということになります。売主から買主への告知義務、仲介業者から買主への説明義務が求められる

「心理的瑕疵」の告知義務や説明義務に関しては、多くの書籍やネッ

241

ト情報でも取りあげられていますが、「心理的」という名称のとおり、「瑕疵」と捉えるかどうかは個人差があり、非常にデリケートな問題です。

宅建業者や弁護士が「心理的瑕疵」を考えるうえで参考とする裁判所の判例も、事件や事故の内容だけでなく、その後の利用状況、地域性、近隣住民の関心の度あい、経緯、背景など、あらゆる視点から検討して判断された結果なので、**判例の結果をそのまま自らの案件にあてはめて判断することは非常に危険**です。

宅建業者として大切なこと 宅建業者に求められる姿勢は、当事者をトラブルに巻き込まないように適切な対応をすることであり、告知義務や説明義務の有無だけで考えて判断することではない

まずは、**自分が買主だったら、その「事実」は受けいれられるのかという視点で考えること**です。そうすることで、受けいれられるかどうかはわからないけれど、「隠さずに説明してほしい」という消費者心理に気づくでしょう。**買主にとって大切なことは「事実を理解しておく」こと**なのです。

ただ一方で、「心理的瑕疵」の告知や説明は、売主の立場や資産価値に大きく影響することを忘れてはいけません。次節でもお話ししますが、**心理的瑕疵の取り扱いが本当に難しいとされる理由は、売主、買主、双方の立場で最適な判断をしなくてはならない点**にあります。

覚える！

事故物件・嫌悪施設例

❶ 事件事故系⇒自殺、他殺、変死、死亡事故（転落死）、火災など
❷ 嫌悪施設系⇒暴力団事務所、火葬場、墓地、下水処理場など

[第7章] 不動産取引の「実践知識」を身につけよう

20 心理的瑕疵の説明 ②

Point

❶ 心理的瑕疵は売主の資産価値にも大きく影響
❷ 心理的瑕疵の告知義務に明確な線引きはない
❸ 買主の立場で考え売主の立場にも配慮し対応

心理的瑕疵は売主の立場にも配慮した対応が大切

「心理的瑕疵」に関しては、買主の立場で考え判断することが大切ですが、一方で、**売主の立場や資産価値に大きく影響を与えることも事実**です。

実際、心理的瑕疵があることで、地価の7割、内容によっては5割程度の評価になることもあります。私が実際に依頼を受けた案件の場合でも、事故物件ということで買手を見つけるまでに1年以上かかり、金額も地価の約7割ほどでした。そのときの売主の表情と空気は今でも忘れることができません。

心理的瑕疵物件だけは、どれだけ経験を積んでも「慣れる」ことのできない案件です。

実際の不動産取引の現場では、心理的瑕疵に対する不動産業者の誤った解釈や悪意とも思える対応で、一般消費者を巻き込むトラブルがあとを絶ちません。

時間の経過とともに嫌悪感が薄れるのは事実ですが、地域性や近隣住民の関心度によっても大きく異なります。仮に事件や事故から3世帯目だとしても、それまでの住人が事件、事故の事実を知って短期間で退去している可能性だってあります。悪質な場合、不動産業者が意

243

図的に入居歴をつくっている場合もあります。

> 事件や事故に、告知義務や説明義務の有無を判断する経過年数や入居歴の明確な線引きはない

また暴力団事務所といった嫌悪施設が、家族の通勤・通学路など買主の生活圏内にあり、安心・安全な生活環境に影響をおよぼすことが予想される場合、売主や宅建業者はその事実を告知し説明すべきと判断されます。

> 暴力団事務所の存在も対象地から何kmまでといった線引きはない

売主の立場を真剣に考えるのであれば、不特定多数の人の目に触れる物件広告やネット情報に「心理的瑕疵あり」「告知事項あり」などといった記載を加えたり、検討段階にも至っていないすべての内覧者に対し、心理的瑕疵の内容を説明してしまうのも、宅建業者として適切な対応とはいえません。**慎重になりすぎ、本来は告知や説明をする必要性がない内容まで表面化させてしまうのも売主の立場を考えると問題があります。**

> 必要性がない内容まで表面化させてしまわないように配慮する

> **宅建業者として大切なこと** 買主の立場で考えるとともに売主の立場にも最大限配慮し、慎重に告知義務や説明義務の有無、告知や説明のしかたを考えることが大切

ゴミ屋敷は心理的瑕疵？ 嫌悪施設？

　心理的瑕疵というと、1番に自殺、他殺、火災など事件・事故をイメージすると思いますが、最近、地域の問題としてメディアでも話題になることが増えた「ゴミ屋敷」も、宅建業者としての取り扱いや説明に慎重な対応が必要となる案件のひとつです。

　そもそもゴミ屋敷が心理的瑕疵や嫌悪施設に該当するのかというと、決して単純な問題ではありません。ゴミ屋敷の場合、迷惑を受けている近隣住民にとっては不快な「ゴミ」の集まりであっても、所有者にとっては大切な「資源」であったりするわけです。その量や保管状態に景観上や衛生上の問題がなければ、個人の権利として保護されるべき内容とも解釈されるのです。

　宅建業者の立場では、買手が嫌悪感を感じ意思決定に重大な影響を与える内容であるかどうかという視点で考えることが大切です。ゴミ屋敷が心理的瑕疵、嫌悪施設に該当するかどうかより、まずは「買手の立場で考える」これが鉄則です。

注）「瑕疵」という言葉は、令和2年4月1日の改正民法施行により民法上では使用されなくなりましたが、内容が理解しやすいように本書では引き続き使用します。

事故物件・嫌悪施設のチェックポイント

❶ 事件、事故からの経過年数
❷ 事件、事故からの住人の入れ替わりの有無
❸ 事件、事故の場所（建物内・建物外、敷地内・敷地外、専有部分・共用部分）
❹ 自殺、他殺の場合、所有者（その家族）、賃借人（その家族）、外部の人
❺ 火災事故の場合、怪我人、死者の有無、犯罪性の有無
❻ 事件、事故のあった建物の有無、現在の使用状況（内装、建て替えの有無）
❼ 地域性（都心、郊外）、近隣住民の入れ替わり、近隣住民の関心の度あい

[第7章] 不動産取引の「実践知識」を身につけよう

21 任意売却の注意点

Point
① 任意売却では債権者の同意および協力が大前提
② 任意売却は債権者順位による配分案が決め手
③ 任意売却後の返済計画も債務者の大切な作業

任意売却は「新たな生活への節目」である

具体的なお話しに入る前に、ひとつ想像してみてください。

あなたが宅建業者としてはじめて不動産を買ってもらったお客様から、数年ぶりに連絡があり、久しぶりにお客様宅を訪問してみると、そこには、希望と喜びに満ち溢れていた当時の表情からは想像もつかないほど疲れ果てたお客様の姿がありました。あなたに気づいたお客様は絞り出すような声でこうつぶやきます。

「もう、ローンが払えない……」

本書を読み、これから不動産業を勉強しようとしている人には少し厳しい話になるかもしれませんが、宅建業者として長年営業を続けていると、必ずこのような場面に出くわします。返済できないといっても、リストラ、離婚、病気など、理由はさまざまで、なかには耳を覆いたくなるようなつらい話もあります。

そんなとき、あなた自身がいかに冷静に適切な判断を下すことができるかが、宅建業者として求められる「真の力」です。

ではまず、任意売却という言葉から見ていきましょう。

> **任意売却とは** 住宅ローンなどの返済が困難になった債務者の所有する不動産を、弁済金や弁済時期などに関する各債権者の同意を得て処分すること

一般的に**住宅ローンなどの返済が滞ると、債権者は担保権（抵当権）を実行して債務者の所有する不動産を「競売」により処分します。**ただ、競売による処分の場合、競落価格は市場価格よりも３～４割程度安くなり、しかも後順位の債権者にはほとんどお金が回りません。それであれば、**市場で可能なかぎり高く処分し、各債権者への弁済金を少しでも増やしましょうというのが「任意売却」**です。本来、不動産に設定された担保権の抹消は、債権者に対する債務の全額弁済が条件となります。

しかし、不動産を処分しても全額弁済が事実上不可能であることが任意売却の前提であるので、各債権者には「**全額弁済はできないけど、このお金で担保権の抹消に応じてください**」とお願いすることになります。

任意売却では、各債権者の担保権抹消に対する同意および協力が得られることが前提であり、この点を契約上では停止条件として定めることになります。

宅建業者が任意売却の依頼を受けるのは、債務者の「破産申立代理人」や「破産管財人」の弁護士か債権者からが多いのですが、冒頭の話のように、お客様から直接相談を受けて任意売却の方向を選択する場合もあります。任意売却の依頼を受けた宅建業者は、まず債務者の所有不動産の調査から進めることになりますが、主な業務手順をまとめると次頁のようになります。

任意売却を進める手順

1. 不動産の調査、査定を行う
2. 依頼者や各債権者に査定書を提示し、査定の根拠を説明する
3. 依頼者や各債権者に計画書、配分案を提示し、販売開始の許可を得る
4. 買受希望者が現れた場合、買受希望額による配分案を作成し、許可を得る
5. 依頼者と各債権者の同意が得られたら、「停止条件つき売買契約」を締結する
6. 契約後に全債権者の同意が得られ条件が成就したら、決済準備に移行する
7. 決済時に確定配分表に基づき各債権者や関係者への支払いを行う

❶ 売却期限

　宅建業者が任意売却を行ううえで最も重要な点は、**経済的事情による「処分」という個別事情を十分に考慮して、かぎられた期間内で確実に売却できる価格を試算する**ことです。

　任意売却の場合、債権者による競売申し立てと同時進行という場合が多く、このような場合、**依頼を受けてから３カ月ほどで決着をつけなければなりません。** 評価の読みが甘かったり、債権者の姿勢が強固で交渉が難航すると、最後はタイムオーバーというケースも珍しくありません。したがって、**各債権者に計画書や「配分案」を提示する際には、より実現性の高い価格と時期を提示し、「いつまで」に「いくらで売却」し「いくら弁済」したら担保権の抹消に応じてもらえるかをしっかりと確認しておくことが重要**です。

❷ 配分案

　一般的には、登記費用、仲介手数料など、売却に関わる諸費用を差し引いた残額を、**登記簿謄本（乙区）に記載された順位に応じ、配分額を取り決めていく**ことになります。ただし、税金や保険などによる差押登記がある場合、登記順位ではなく「**法定納期限**」により支払い順位を決定する場合があるので、債権者との配分額の調整の際、注意が必要です。

　実は、配分額の調整がポイントになります。任意売却する不動産は債務超過の状態にある場合が多く、**1番抵当権者に配分したら後順位者にはほとんどお金が残りません。**これでは後順位者の協力を得ることができなくなり、「競売だったら0円だよ。これで辛抱しといてよ」と任意売却に対する協力費、いわゆる「**ハンコ代**」として数万円から数十万円を配分し同意をもらうのです。私はこれまで数多くの任意売却を経験してきましたが、1番抵当権者の前で「ハンコ代」を受け取る後順位債権者の表情はみな同じで「苦笑い」です。

❸ 任意売却で費用として認められる項目

　「**登記費用**」「**仲介手数料**」などは通常認められますが、債権者が「**サービサー**」と呼ばれる債権回収会社の場合、費用に関しても厳しい規定があり、印紙代や登記費用でも抵当権抹消登記以外の費用、たとえば司法書士の報酬などは認められないことが多いです。あと、費用に関して興味深い話をすると「**売主の引越代**」というものがあります。任意売却といえども居有者であることには変わりはありません。**スムーズに動産類を引きあげ退去してもらうための「立退き料」のようなもので、手元に1銭も残らない売主が最後まで投げやりにならずに努力しようとする動機のひとつ**でもあります。債権者を泣かし、引越代とは少し図々しいのではないかと思われるかもしれませんが、大切な不動産を処分する売主にもさまざまな事情があり、大切な費用のひとつです。ちなみに引越代の相場は、10万円から30万円程度となります。

249

❹ 売主への注意点

任意売却が成立したからといって、破産して免責を受けないかぎりは、債務が帳消しになるわけではなく、「残債務」に関して、債権者と返済計画を立てることが必要になります。とはいっても、すでに不動産も処分し、事実上返済が困難な状況であることは債権者も理解しているので、「月々1万円ずつ」といった感じで続けられる返済額を取り決めることが多いようです。

> **宅建業者として大切なこと** 任意売却は「最後の処分」ではなく、「新たな生活への節目」であり、不動産を購入したときと同じように、本人の意思（任意）により売却することが重要。そのことを依頼者に対して説明するのが、宅建業者としての大切な役割

覚える! 競売と比較した任意売却のメリット

❶ 競売よりも高く売却でき、債務を減らすことができる
❷ 隣近所の住民に知られずに売却することも可能である
❸ 債権者との交渉次第で引越代を捻出することも可能である
❹ 賃借人らはこれまで同様、住み続けることも可能である

［第 7 章］不動産取引の「実践知識」を身につけよう

22 相続物件売買の注意点

Point

❶ 相続物件の取り扱いでは相続人の確定が最優先
❷ 相続物件の売却は遺産分割協議成立後が原則
❸ 遺言書による売却では遺留分減殺請求に注意

相続物件売買は「慣れ」が通用しない世界である

　不動産取引の中でも難易度が高い案件のひとつに、「相続物件の売買」があります。

　相続物件の場合、権利関係者が多く、相続財産の取り分など金銭的な問題や生前の被相続人への関わり方など、感情面の問題が複雑に絡みあい、相続人間の話しあいに相当な時間が費やされ、最悪の場合、紛争にまで発展するケースも少なくありません。私のお客様で2年以上におよぶ遺産分割調停、遺産分割審判を経験された人がいますが、いつも「他人同士ならどれだけ幸せか……」と嘆いていました。

　宅建業者も経験とともに相続物件の取引に関わる機会が増えていきますが、どれだけ経験を積んでも**「慣れ」が通用しない世界**であることは確かです。では、相続物件の取り扱いの手順と注意点を見ていきましょう。

❶ 登記簿謄本で所有名義人を確認する

　対象不動産が「相続登記済」であれば、所有名義人を売主として売買契約を行うことが可能です。相続登記していない場合、相続人の確定が必要となります。

❷ 戸籍謄本、除籍謄本、改製原戸籍により相続人を確定する

　離婚や再婚で家族形態が複雑となり、調査とともに相続人が増え続け、最終的に数十人にもなってしまうケースもあります。私の経験した案件では、最高16人というのがありました。ここでの調査を徹底しないと「遺産分割協議」の段になって新たな相続人登場なんていうこともあり得ます。また**相続人の1人が、相続人の顔ぶれや各相続人の意向を詳しく説明してくれることがあっても絶対に鵜呑みにしてはいけません。** 相続人間で遺産分割を巡りトラブルになっているケースもあれば、実際に細部まで把握できていないケースもあります。

　相続人の確定は相続案件の取り扱いで最も重要な業務となるので、**戸籍謄本など、公的書類による確認が絶対条件**です。

❸ すべての相続人に連絡をする

　相続人が確定できたら、遺産分割協議に入る前に、すべての相続人に手紙などで連絡をします。 ただ相続人の中には、すでに亡くなっている人もいれば、連絡が取れず行方不明ということもあります。

　相続人が亡くなっている場合、亡くなった相続人の子どもらが相続権を引き継ぐ「代襲相続」があります。また、相続人が行方不明の場合、家庭裁判所に「不在者財産管理人」の選任を申し立てることになります。**不在者財産管理人は利害関係のあるほかの相続人が兼任するということはなく、親戚や家族に適任者がいない場合は、弁護士や司法書士が選任される**こともあります。

❹ 遺言書、遺産分割協議書の有無を確認する

　遺言書がなく遺産分割協議も調っていない場合、**相続財産の利用（賃貸など）や処分（売却など）に関しては、相続人全員の同意が必要**となります。遺産分割確定前でも、売却条件、売却の方向性において相続人全員の意思が一致していれば、相続人全員を売主とするか、相続人の代表者を選任することも可能ですが、契約後の相続人間のトラ

ブルや新たな相続人登場による契約不履行の危険性を考えると、**宅建業者としては売却を優先することよりも、相続人間の協議に時間をかけ、遺産分割を調えるようアドバイスすることが大切**でしょう。

また、**遺言書がある場合の1番の注意点は「遺留分」**です。日本では遺言書の内容が故人の意思として最優先されますが、遺言書の内容が「すべての財産を長男に譲る」など、**ほかの相続人の相続権を否定するような極端な内容の場合は十分に注意が必要**です。民法では一定の相続人（配偶者、子ども、父母）が最低限相続できる財産（遺留分）を定めており、遺留分は遺言書の内容に関係なく必ず保障される権利です。したがって遺留分を無視して売買契約を締結してしまうと、後にほかの相続人から「**遺留分減殺請求**」として取り分を主張される危険性があります。ちなみに、遺留分は相続財産の2分の1（直系尊属のみが相続人である場合は3分の1）となります。

❺ 相続登記の方法を確認する

売買契約後、決済までに必ず必要となる作業が相続登記です。通常、相続登記は法律的に有効な遺言書や遺産分割協議書で相続割合が確定してから行いますが、**「法定相続分」で登記する場合は、遺言書や遺産分割協議書がなくても可能**です。

ただし、複数の相続人を法定相続分による共有名義人として登記する場合、不動産の売却も共有名義人全員で行うことになります。したがって、**不動産の売却が前提となる場合、遺産分割協議の際に各相続人の相続割合とともに、不動産の所有名義人を誰にするかを取り決めておく**ことが大切です。

❻ 相続物件売却時の譲渡所得に注意する

宅建業者が相続物件を取り扱う場合、**税金のアドバイスが遺産分割協議でのキーポイント**になります。なぜなら相続税を納めるために相続物件を売却する場合が多いからです。**相続物件を売却し譲渡益が生**

253

じた場合、所有期間に応じて**「譲渡所得にかかる税金」（所得税、住民税）がかかります。**相続人の立場としては、「相続税を納めるために相続財産を売却したのに、さらに税金が掛かるのか」「これでは何を相続したのかわからない」という気持ちになるでしょう。譲渡所得にかかる税金に関しては、**第10章02** で詳しくお話しします。

相続物件を売却した場合の税金の注意点

❶ 税率を決める「所有期間」は、被相続人の取得した日から譲渡した年の1月1日時点での期間で計算する

❷ 譲渡益を計算するうえでの「取得費」は、被相続人の取得費を引き継ぐ

❸ 被相続人が取得したときの取得費が不明な場合、概算取得費（収入価格 × 5％）で計算する

❹ 売却した不動産にかかる相続税額を、譲渡所得の計算で控除できる。これを「相続税の取得費加算の特例」というが、相続開始日の翌日から相続税の申告期限の翌日以降3年を経過する日までに譲渡したものが対象。ちなみに、相続税の申告期限は、相続が発生したことを知った日の翌日から10カ月以内となる

覚えろ！

法定相続分の割合

❶ 配偶者と子供が相続人の場合 ⇒ 配偶者：2分の1、
子ども（全員で）：2分の1

❷ 配偶者と父母が相続人の場合 ⇒ 配偶者：3分の2、
父母（全員で）：3分の1

❸ 配偶者と兄弟姉妹が相続人の場合 ⇒ 配偶者：4分の3、
兄弟姉妹（全員で）：4分の1

第8章 「融資実行」「登記手続き」「決済」を学ぼう

01 金銭消費貸借契約と決済までの準備
02 決済当日の手続き

物件調査、資金計画、売買契約と、ひととおりの経験を積んだあなたは、もう立派な宅建業者です。
「本物（プロ）」となる日もすぐそこです！
この章では、住宅ローンの本申し込み、金銭消費貸借契約、ローン完済依頼、登記手続きなど、売買契約後から決済当日までの具体的な手続きを、「今まさにその場にいる」かのように学ぶことができます。
お客様の「笑顔」と「報酬」を手にしたあなたは、立派に「本物（プロ）」の宅建業者です。

［第 8 章］「融資実行」「登記手続き」「決済」を学ぼう

01 金銭消費貸借契約と決済までの準備

Point

❶ 住宅ローン本審査は正式回答までに 2 週間必要
❷ 金銭消費貸借契約と完済依頼までに決済日時を確定する
❸ 金種確認と必要書類確認が決済までの最終準備

金銭消費貸借契約、完済依頼、決済日までは計画性が重要

　売買契約を無事に終えたらゴール（決済）までもうひと息です。この章では、決済までに必要となる大切な手続きと決済当日の流れを 1 つひとつ見ていきましょう。

❶ 買主 住宅ローンの本申し込み

　売買契約後、最初に行う手続きが買主の住宅ローン本申し込みです。売買契約で定めた「融資利用特約の期日内」に、余裕を持って金融機関の正式回答を得られるようにします。買主には、**契約時に本申し込みで必要となる書類をすべて用意**してもらいましょう。

　金融機関の事前審査の場合、主に申込者の属性や個人信用情報から融資額を判断するので、審査日数は 1 日から 1 週間程度と短期で回答が得られます。

　それに対し、本審査では、「住民票」や「住民税決定通知書」といった提出書類による詳細チェックとともに、不動産の担保評価、保証会社による審査が行われます。また、「団体信用生命保険」の審査もこの段階で行われます。審査日数は 10 日から 2 週間程度必要になります。

　事前審査が承認であったにもかかわらず、本審査で非承認や融資額

256

減額となった場合、考えられる原因は次のようになります。

① 事前申込書の告知内容に誤りまたは変更があった
② 事前審査から本審査までの間で新たな借り入れをした
③ 不動産の担保評価上の問題が発覚（違法建築、再建築不可、心理的瑕疵など）
④ 団体信用生命保険の加入が承認されなかった
⑤ そのほか（金融機関から追加書類を要求され、新たな問題が発覚）

住宅ローンの本申し込みに関しては、**宅建業者がお客様への商品説明から金融機関への持ち込みまでを代行して行うことになるので、十分に商品内容を理解して慎重に対応**しないと、後日、お客様の意向が申し込み内容に反映されていないといった問題が起こりかねません。

② 買主 金銭消費貸借契約

住宅ローンの正式承認が得られたら、次は「**金銭消費貸借契約（金消契約）**」です。**金消契約は金融機関との正式な契約なので、これまでの手続きと違い、申込者である買主本人が金融機関の窓口で行う**ことになります。**この段階が融資条件見直しの最後の機会**となるので、買主に、不明な点は遠慮なく質問するようアドバイスしておきましょう。金消契約での重要な点は、**必ず「融資実行日（決済日）」を確定しておく**ということです。次にお話しする売主の抵当権抹消手続きと並行して日程調整を行うことになります。

買主が金消契約当日までに決めておくべき内容
① 住宅ローン条件（金利の種類、支払方法など）を確定する
② 融資実行日（決済日）を確定する
③ 融資実行店を確定し、返済用口座を開設する

257

❸ 売主 抵当権抹消準備

　買主の住宅ローンの正式承認が得られたら、**売主は物件に設定された抵当権の抹消手続き**を進めます。金融機関にもよりますが、一般的に完済日（決済日）の約2週間前までに契約者本人による残債務の「**完済依頼**」の手続きが必要になります。完済依頼とは、簡単にいうと「**残った債務をこの日をもって全部支払うので、抵当権の抹消書類一式を準備してください**」ということです。

　したがって、完済日付での利息計算や保証料払戻金の計算のために、**完済依頼手続きまでに完済日（決済日）を確定しておく**ことが必要となります。また、完済依頼の手続きは、売主が融資を受けている金融機関窓口で行うので、事前に必要書類などを確認しておきましょう。

　次に**債務を弁済する金融機関と、決済当日の抵当権の抹消書類の受け取り方法について調整**します。通常は、債務を弁済する金融機関の担当者は決済場所に同席しません。したがって、決済後に売主または**登記担当司法書士**が金融機関の窓口まで抹消書類を受け取りにいくことになりますが、**金融機関が決済場所から遠方にある場合、決済場所か登記申請を行う管轄法務局に最も近い支店窓口で抹消書類の受け取りが行えるよう依頼する**ことになります。

　売主による完済依頼、抹消書類の受け取り方法の調整が調い次第、司法書士に金融機関の準備する**抹消書類の事前確認**を依頼します。

❹ 売主・買主 決済までの最終チェック

　買主の金消契約、売主の完済依頼が完了したら、次は**決済当日の金種の確認**をします。金種の確認とは、決済当日に買主から売主に支払われる残代金や日割清算金、司法書士に支払う登記費用、仲介業者の仲介手数料といった**決済金を、振込、保証小切手、現金といった支払方法別に区分しておくこと**をいいます。通常は受け取り側の売主に、受領する残代金と日割清算金の金種内訳を確認し、登記費用、仲介手数料などの諸費用は現金で用意する場合が多いです。

次に**売主の未払いの税金、光熱費、管理費などがあれば、支払いがなされているかを確認**します。税金、光熱費などは「振込用紙控」で確認し、管理費などは管理会社に直接確認を取ります。この作業は非常に重要で、契約時点で未払い項目がある場合、売主への口頭での確認ですませるのではなく、**必ず書面による確認を徹底**します。

● 買主 決済時金種区分一覧表

❶ 残代金　　　　　　　　　2,250万円　　ⓐ 2,130万円 振込
　　　　　　　　　　　　　　　　　　　　　ⓑ 　120万円 現金

❷ 日割清算金
　（買主様負担分）　　　　3万5,000円 現金

❸ 金融機関事務手数料　　 3万3,000円 引落

❹ 住宅ローン保証料
　（外枠）　　　　　　　　51万5,350円 引落

❺ 登記費用
　（司法書士報酬含）　　 27万5,000円 現金

❻ 火災保険料
　（火災・地震）　　　　　　30万円 現金

❼ 仲介手数料
　（決済時全額）　　　 105万6,000円 現金

　　合計　　　　　　 2,471万4,350円

※ 現金 引落 振込 金種区分

覚える！ 金銭消費貸借契約の必要書類など

❶ **住民票、印鑑証明書**　※ 決済使用分もあわせて必要部数を確認します。

❷ **運転免許証、健康保険証、マイナンバーカード、
　 在留カード（外国籍場合）**

❸ **実印、返済用口座の通帳、銀行届出印**

❹ **収入印紙（金銭消費貸借契約書貼付分）**

❺ **売買契約書（原本）**

[第8章]「融資実行」「登記手続き」「決済」を学ぼう

02 決済当日の手続き

Point

❶ 決済は司法書士による登記手続きからはじまる
❷ 登記手続き後は買主の融資実行と決済金処理
❸ 法務局で登記申請が受理されればすべて完了

決済という名の舞台では関係者全員が主役

　いよいよ決済当日です。決済は、買主の融資実行を行う金融機関の店舗に関係者が集合し、登記手続き、融資実行、そして決済金処理と、手通きを進めていきます。

❶ 売主・買主 登記手続き

　決済当日の最初の手続きは、司法書士による登記手続きからはじめます。まず、**当事者の登記必要書類の確認からはじめ**、売主、買主それぞれの手続きは次のようになります。

売主	売渡証書への署名押印、抵当権抹消、登記上の住所から住民票の移動があれば住所変更登記の申請手続き
買主	所有権移転登記と抵当権設定登記の申請手続き

　登記手続きに関する注意点として、決済直前になって**買主から共有名義への変更の相談**を受ける場合があります。さすがに住宅ローンを利用する場合は、連帯保証や物上保証の手続きを金消契約までに行うことになるので、決済直前での相談というケースは少ないですが、現金購入の案件では珍しくありません。このような場合、まず**買主の意**

向を確認したうえで贈与税の課税に注意し、妥当な持分割合を決定します。実務的には契約書の修正や覚書の作成が必要となるので、決済までの間に買主の意向を十分に確認し対応します。

❷ 買主 融資実行

司法書士による登記手続きが完了したら、**金融機関の担当者に「融資実行」と「決済金の送金」「出金手続き」をお願いします。**送金、出金手続きは、前節でお話しした決済金の金種の内訳に基づいて行います。具体的には、いったん、買主の口座に融資実行され、同時に売主への送金や現金出金がなされるという流れになります。

銀行の混みぐあいにもよりますが、この間の待ち時間が結構長く、平均して30～40分程度はかかります。宅建業者は、この間の時間を利用して次の作業を行います。

---

❶ 不動産引き渡しに関する確認書の内容を当事者に説明する
❷ 売主から買主に引き渡す書類、鍵の本数を確認し、受取書を作成する
❸ 当事者に引き継ぎ事項や確認事項がないか最終確認を行う

---

❸ 売主・買主 決済金処理

融資実行、決済金の送金、現金出金がすべて完了すると、金融機関の担当者が、振込明細と指定した現金を取引場所（応接室・ブース）まで運んできてくれます。

出金内容を確認したら、「現金授受」「領収書」「鍵の受け渡し」をして完了です。この時点で、売主の債務の弁済を行う金融機関に連絡を入れ、着金確認とともに抹消書類を受け取りに向かう旨を伝えます。通常、抹消書類の受け取りは司法書士が行いますが、**金融機関によっては契約者（売主）本人の同席を指示される**場合があるので、事前に

確認が必要です。司法書士は抹消書類の受け取りを終えると、管轄の法務局で登記申請を行い、不備なく受理されるとすべて完了となります。

決済直前に買主が名義変更希望！？

契約締結後、決済までの間に買主から名義人を変更したいという申し出を受けることがあります。よくあるケースが企業代表者が法人に変更、あるいは、代表者が同じ別法人への変更というケースです。

このような場合、不動産実務でよくとられる方法のひとつに「地位譲渡契約書」の取り交しがあります。これは、買主としてのすべての地位を譲渡するという契約ですが、注意点としては次の内容が挙げられます。

❶ 売主が買主の地位譲渡に関し、承諾している旨を契約書に明記する
❷ 契約時に売主との間で授受された金銭（手付金、印紙代など）の清算内容を契約書に明記する
❸ 媒介契約書における依頼者としての地位の譲渡を契約書に明記する

本来、契約後の名義変更は極力さけたいところですが、買主の意向により地位譲渡契約を行う場合には、司法書士、税理士など、専門家と十分に相談したうえで対応することが大切です。

決済当日の必要書類など

売主	登記済権利証書（登記識別情報）、住民票または戸籍附表（住所変更登記が必要な場合）、印鑑証明書、実印、決済金受け取り用口座、融資返済用口座、本人確認資料（運転免許証など）、鍵など
買主	住民票、印鑑証明書、実印、融資返済用口座、銀行届出印、本人確認資料（運転免許証など）など

第9章　物件の引き渡しとアフターフォロー

01　お客様と一緒に不動産の総点検を行う
02　リフォーム提案で差をつけよう

ここまで実践してきたあなたは、立派な「本物（プロ）」
の宅建業者です。しかし、宅建業者としての「真価」
が問われるのはここからです。

この章では、不動産の総点検、瑕疵・不具合への対応、
リフォームの提案など、決済後の顧客対応に関して、
1つひとつ詳しく見ていきます。

ここからは、「この人のお客様でありたい」と真剣に
お客様に感じさせるだけの「魅力」ある宅建業者を
目指してください。それが「本物（プロ）」というも
のです。

［第9章］物件の引き渡しとアフターフォロー

01 お客様と一緒に不動産の総点検を行う

Point

❶ 宅建業者の本質は決済後の顧客対応で決まる
❷ 不動産の総点検は物件状況報告書をもとに行う
❸ 不具合が発見されたら契約条項に基づいて対処する

物件状況報告書をもとに不動産を総点検しよう

営業マンとしての本質が最もわかるのが、決済を終え、報酬を手にしたあとの対応、アフターフォローです。

契約手続き中は本当に対応が早く、きめ細かな仕事ができる営業マンも、決済を終えた途端、連絡がつきにくくなったり、不具合個所の相談に対する対応が鈍くなったりする担当者が案外います。

営業マンの悲しい性なのか、どうしても次の案件、これからの利益に意識が向かってしまい、引き渡しを終え、報酬を手にした案件に対する対応面に露骨に変化が出てしまう人が本当に多く、お客様の立場からは、その「温度差」が一層わかりやすく感じてしまうのです。

本当に「できる営業マン」に共通する点は、本業の不動産に関する相談だけでなく専門外の相談を受ける機会も多く、極端な場合、家族の問題や子どもの進路の相談など、はたから見ていると「何しているのかな？」と思うほど、お客様の生活に深く関わっています。**「もう一度この人に任せたい」「この人のお客さんになりたい」と感じさせるだけの「魅力」が全身から溢れ出している**のです。

> **宅建業者として大切なこと** 5年後そして10年後も本物（プロ）と

して活躍し続けられるかは、すべてアフターフォローにかかっている

　宅建業者として、決済後、最初に行う作業は「**不動産の総点検**」です。売買契約時に売主と一緒に確認した「**物件状況報告書**」をもとに、事前に指摘のあった不具合個所だけでなく、売主から問題なしと説明を受けていた設備類に関しても、１つひとつ入念にチェックしましょう。

　特に**売主が居住中で確認しにくくかった部分、たとえば、点検口から床下や屋根裏を確認したり、押し入れの中、水周りの設備やガス器具などは、実際に使用してみて細部まで確認する**ようにしましょう。

　空室期間が数カ月あったり、直前まで売主が生活していた建物でも、**不思議なことに居住者が変わった途端に不具合が生じることが結構あります。**

　点検によって確認された不具合個所や不明な内容に関しては、売主や売主側仲介業者に確認、**修繕費用が必要となる内容に関しては、契約上で定めた契約不適合責任や特約条項をもとに処理する**ことになります。また、修繕対応のための工務店、設備業者の紹介や手配、見積り依頼なども、随時、お客様と相談しながら行うようにしましょう。

覚えろ！ 不動産総点検のポイント

❶ 照明器具、エアコン、備付家具などは、取り決めどおりの状態か

❷ 庭木、庭石、ガーデニング用品、物置小屋などは、取り決めどおりの状態か

❸ 床下、屋根裏、押し入れなどに、荷物で見えなかった雨漏り痕や腐食はないか

❹ キッチン、浴室、トイレ、化粧台などの生活設備類は正常に作動するか

❺ 給排水設備、ガス設備、給湯器などに不具合はないか

[第9章] 物件の引き渡しとアフターフォロー

02 リフォーム提案で差をつけよう

Point

❶ リフォームの提案も宅建業者の大切な業務

❷ 常に頼れる内装業者**3社**とお付きあいする

❸ 内装業は専門性が高く**得意な分野が異なる**

頼れる内装業者との関係は宅建業者の能力のひとつ

中古物件を購入されたお客様へのリフォームの提案も、大切な業務のひとつです。

はじめて不動産を購入するお客様はもちろんのこと、不動産取引の経験はあっても、信頼できる内装業者を知らないというお客様はたくさんいます。

また、内装業者にリフォームを依頼した経験はあっても、そのときに満足のいく仕上がりにならなかったという苦い経験を持つ人もたくさんいます。

> **宅建業者として大切なこと** お客様と不動産との橋渡し役であると同時に、内装業者、建築業者、建築士、弁護士、司法書士、土地家屋調査士、税理士など、不動産に関連する各界専門家との橋渡し役として、お客様の「生活」を総合プロデュースする専門家（プロ）であり続けることが大切

お客様自身の経験が乏しく不安やストレスを感じる内容に対し、常に**「頼れる相談窓口」**として活躍していくことが大切です。特に、今

後は、既存住宅状況調査（インスペクション）を行う建築士の斡旋や診断結果に伴う改修工事の相談が増加することが予想されます。実際、中古住宅の内装工事に関する相談件数は、不動産取引の数に比例し年々増え続けています。

　内装工事は、不動産取引同様に専門性が高く、住宅設備、部材などの品質、規格、安全性など、消費者の立場で理解できないことが多すぎるので、適切な施工なのか（施工の質）、妥当な値段なのか（適正価格）といった不安を持つ人が増え続けています。

　宅建業者の立場としては、**常に３社の信頼できる内装業者とお付きあいできるようにしておきましょう**。内装業者とひと言でいっても専門性の高い業種なので、不動産業者同様、それぞれ得意とするジャンルが異なるからです。

　以前、私の管理物件でレンジフードのトラブルがあり、相談する業者、業者、どこの会社も部品を手に入れることができないことがありました。結局、ひとつのパーツの納品、施工だけだったのに、約１カ月もかかりました。

　キッチンの水周り設備の場合、製造元がキッチンメーカーや総合商社を介してしか取引しないといった場合が多く、総合商社と取引のない業者の場合、必要とする部材が用意できず、最悪、一部の部材の不具合のために問題のない本体まですべて交換しないといけないなんてことになりかねません。

宅建業者として大切なこと　お客様からの相談や苦情に迅速に対応するためには、「家」に関するあらゆる問題に対応でき、日常的に起こる小さな設備不良や緊急時に対応できるフットワークのいい内装業者との付きあいが必須。
「頼れる内装業者」との関係は、宅建業者としての「能力」のひとつ

267

では、宅建業者やお客様の立場から見た「**信頼できる内装業者の条件**」とは一体何でしょうか。1番にお客様の要望をよく聞き、仕上がりや予算面でお客様に十分に満足いただくこと。ただこれはプロとしてはあたりまえの内容です。私の考える信頼できる内装業者の条件は、「**お客様にダメなものはダメとアドバイスできる**」ということです。

　内装工事に関しては、お客様からさまざまな要望が出てきます。たとえば、柱や壁を撤去したい、駐車場を店舗に変更したいなど、内容もさまざまです。内容によっては、構造耐力上の問題が生じたり、容積率オーバーなど、建築基準法上の問題が生じる場合もあります。

　このようなとき、**お客様の希望は希望として受けとめたうえで、リスクやマイナス面をしっかり説明する。そして、希望に近づける別の方法をお客様と一緒に考える。**そんな業者が本当に信頼できる内装業者ではないかと思います。この点は、私たち宅建業者にも求められる「資質」だといえるでしょう。

まめ知識　「内装業者」と「工務店」はどう違う？

　内装業者とは、主にクロス、カーペット、フローリング、住宅設備などの内装仕上げ工事を行う業者です。一方、工務店は、工程に応じ専門業者を手配し、建築、土木工事全般を取り扱う業者です。ただ、内装業者でもジャンルが住宅、店舗の区別があったり、工務店でも戸建やビルの建築ではなく室内工事が主だったりと、業者によって得意分野が異なります。この点では不動産業者と同じです。宅建業者の立場としては「お客様フォロー」を前提に業者選択することが大切です。

覚える！　宅建業者が付きあうべき内装業者と建築業者

❶ 内装工事全般をオールマイティにこなせる業者
❷ 住宅設備類全般に強く総合商社と継続取引のある業者
❸ 外装工事（屋根・外壁・防水・左官）を得意とする業者

第10章 不動産取引と「税金」知識

01 不動産を「買う」ときに必要となる税金

02 不動産の「売却時」と「所有時」に必要となる
税金

03 プロとしてこれだけは知っておきたい税金
知識

最後に、あなたが最初に学んだことを思い出してください。お客様と不動産の橋渡し役である宅建業者に求められる力は、お客様1人ひとりの生活を「総合的にプロデュースする力」です。

この章では、登録免許税、不動産取得税、譲渡所得税、固定資産税など、不動産を買うとき、売るとき、所有しているときに必要となる税金の知識をマスターします。この章をマスターすれば、あなたは最強のReal Estate Agent（宅建業者）です。

[第10章] 不動産取引と「税金」知識

不動産を「買う」ときに必要となる税金

> **Point**
> ❶ 購入時は印紙税、登録免許税、不動産取得税
> ❷ 自己居住用不動産の取得には軽減特例がある
> ❸ 不動産取得税の軽減を受けるには申告が必要

購入時の税金は買主資金計画の必須項目

❶ 印紙税

印紙代は課税文書を作成するときに必要となりますが、不動産取引の場合、主に次の3つの契約書に必要となります。

❶ 不動産の売買契約書
❷ 金銭消費貸借契約書
❸ 建築工事の請負契約書

印紙代を計算してみよう 不動産購入価格：4,000万円、融資利用額：3,500万円の場合（令和9年3月31日まで軽減税額が適用される）

印紙代 1万円 + 2万円 = 3万円

● 印紙税率

契約金額	不動産売買契約書 （軽減税額※）	金銭消費 貸借契約書
1,000万超～5,000万円以下	2万円（1万円）	2万円
5,000万超～1億円以下	6万円（3万円）	6万円
1億超～5億円以下	10万円（6万円）	10万円

※ 令和9年3月31日まで適用（不動産売買契約書）

印紙税に関してひとつ面白いお話をしましょう。冒頭でも説明しましたが、収入印紙は作成された課税文書ごとに必要となります。不動産の売買契約書であれば、売主、買主それぞれの契約書に売買価格に応じた収入印紙が必要となります。では、契約書の原本を1部だけ作成して、当事者一方がコピーでかまわないという場合はどうなるのでしょうか。

答えは原本の分のみ収入印紙を貼付すればいいのです。実際、この方法は不動産取引ではよく使われており、買取業者が買取り後に再販する場合や、任意売却の取引で売主の負担を軽減する目的で使われている場合もあります。この場合、売買契約書に「**買主が印紙代を負担し原本を、売主がその写しを負担する**」といった条文を記載し、印紙代の負担区分を明記することが大切です。

❷ 登録免許税

「**登録免許税とは、登記簿に登記するときに必要となる税金**」で、不動産取引の場合、主に次の3つの登記に必要となります。

> ❶ 所有権保存登記（新築時）：固定資産税評価額 × 税率
> ❷ 所有権移転登記（取得時）：固定資産税評価額 × 税率
> ❸ 抵当権設定登記（借入時）：債権額 × 税率

個人の居住用住宅の場合、要件にあえば軽減措置が適用されます。

> **居住用財産の軽減措置適用要件**
> ❶ 自己の居住用家屋であること
> ❷ 床面積50m²以上であること
> ❸ 次のいずれかに該当すること
> 　ⓐ昭和57年1月1日以降に新築されたもの
> 　ⓑ地震に対する安全基準に適合することが証明されたもの
> ❹ 取得後1年以内に登記すること

例 土地（固定資産税評価額：2,000万円）を購入、建物新築（固定資産税評価額：1,500万円）、融資利用額：2,500万円（居住用財産の軽減措置適用要件により軽減税率が適用される）

● 登録免許税率

登記項目	本則税率	軽減税率	適用期限
所有権保存登記 （新築）	0.40%	0.15%	令和9年3月31日
所有権移転登記 （中古）	2%	0.30%	令和9年3月31日
所有権移転登記 （土地）	2%	1.50%	令和8年3月31日
抵当権設定登記	0.40%	0.10%	令和9年3月31日

所有権移転：2,000万円 × 1.50% ＝ 30万円
所有権保存：1,500万円 × 0.15% ＝ 2万2,500円
抵当権設定：2,500万円 × 0.10% ＝ 2万5,000円

登録免許税 34万7,500円

③ 不動産取得税

　不動産取得税とは、不動産を取得した人に対し、都道府県が課税する税金で、不動産の取得後30日以内（都道府県により異なる）に申告を行い納税します。ただ、実際には期日内に申告する人は少なく、約2カ月ほどで都道府県から送られてくる納税通知書に基づいて納税する人がほとんどです。一定の条件を満たす新築住宅または中古住宅は、税率の特例および税額控除を受けることができますが、都道府県税事務所では、登記内容を確認して軽減処理後の納税通知書を送付してくる場合と処理せずに送付してくる場合があります。**納税通知書が送付されてきたら、まず軽減処理がされているかを確認し、軽減されてい**

ない場合は、都道府県税事務所に必要書類を添えて申告する必要があります。

また要件を満たす一定の住宅は、次の軽減措置が適用されます。

課税標準の軽減要件

❶ 自己の居住用であること

❷ 床面積50m²以上240m²以下であること

❸ 次のいずれかに該当すること

　ⓐ 昭和57年1月1日以降に新築されたもの

　ⓑ 地震に対する安全基準に適合することが証明されたもの

建物：（固定資産税評価額 － 控除額）× 税率3%

土地：（1m²あたりの固定資産税評価額 × 面積）× $\frac{1}{2}$ × 税率3%
　　　※ 令和9年3月31日までの特例

● 不動産取得税控除額

建物の税額控除額

新築時期	控除額
昭和51年1月1日〜昭和56年6月30日	350万円
昭和56年7月1日〜昭和60年6月30日	420万円
昭和60年7月1日〜平成1年3月31日	450万円
平成1年4月1日〜平成9年3月31日	1,000万円
平成9年4月1日〜	1,200万円

なお、上記「建物」の軽減要件を満たす住宅の「敷地」は、以下の場合、次頁の❹と❸のいずれか多い金額が税額から控除されます。

❶ 新築⇒土地取得から3年以内に建物を新築（土地先行取得型）

❷ 中古⇒土地取得から1年以内に建物を取得（土地先行取得型）

273

住宅の敷地の税額軽減

Ⓐ 4万5,000円

Ⓑ （土地1m²あたりの評価額 × $\frac{1}{2}$） × （住宅の床面積 × 2）※ × 3%
※ （住宅の床面積×2）は200㎡が限度となる

Ⓐ と Ⓑ のいずれか多いほうの金額を税額控除

例 自己居住用の中古住宅（平成17年築、床面積90m²、固定資産税評価額1,400万円）とその敷地（面積200m²、1m²あたりの固定資産税評価額20万円）を購入した場合

建物：（1,400万円 − 1,200万円）× 3% ＝ 6万円

土地：（20万円 × 200m²） × $\frac{1}{2}$ × 3% ＝ 60万円

控除額 Ⓐ 4万5,000円

Ⓑ （20万円 × $\frac{1}{2}$） × （90m² × 2） × 3% ＝ 54万円

※ Ⓐ と Ⓑ のいずれか多いほうの金額を税額控除できる

60万円 − Ⓑ 54万円 ＝ 6万円

| **建物** | **土地** |

不動産取得税 6万円 ＋ 6万円 ＝ 12万円

※ 令和9年3月31日までの軽減特例により記載

覚える！ 不動産取得税軽減申告の必要なもの（中古物件）

❶ 軽減を受けようとする人の印鑑
❷ 不動産取得税の納税通知書
❸ 売買契約書
❹ 登記簿謄本
❺ 住宅用家屋証明書

[第10章] 不動産取引と「税金」知識

02 不動産の「売却時」と「所有時」に必要となる税金

Point

❶ 不動産譲渡には所得税と住民税が課税される
❷ 不動産譲渡時の税率は所有期間により異なる
❸ 固定資産税は毎年1月1日現在の所有者に課税

譲渡所得時の税金は所有期間によって約2倍

❶ 譲渡所得にかかる税金

不動産の譲渡所得にかかる税金（所得税、住民税）は、**譲渡した年の1月1日時点での所有期間が5年以下のもの（短期譲渡所得）と5年を超えるもの（長期譲渡所得）により税率が異なります。** 税額は「**譲渡所得金額**」に税率を乗じて計算しますが、譲渡所得金額は、「**譲渡価格**」から「**取得費**」と「**譲渡費用**」と「**特別控除**」を差し引いた金額となります。

税額 譲渡所得金額×税率

　税率 短期譲渡所得：39%（所得税30%、住民税9%）
　　　　 長期譲渡所得：20%（所得税15%、住民税5%）

譲渡所得金額 譲渡価格 −（取得費＋譲渡費用）− 特別控除

　取得費 取得価格 ＋ 諸費用 ＋ 改良費等 − 減価償却費

　　　※ 取得費が不明である場合、**譲渡価格×5%を「概算取得費」として計算**します。
　譲渡費用 譲渡資産を売却するために直接かかった費用

275

> **特別控除** 要件によって、800万円から5,000万円の特別控除を受けることができる。特に次節でお話しする「居住用財産の譲渡に関わる3,000万円特別控除」は重要

例 土地(更地)、譲渡価格1,000万円、譲渡費用80万円、所有期間15年、取得費不明(売買契約書、領収証など紛失)、譲渡所得の特別控除なしの場合

譲渡価格 **概算取得費** **譲渡費用** **譲渡所得金額**
1,000万円 －{(1,000万円×5％)＋80万円}＝870万円
譲渡所得税 870万円×20.315％＝176万7,405円

※ 税率は、所得税15％、復興特別所得税0.315％(15％×2.1％)、住民税5％の合計となります(長期譲渡所得の場合)。

 復興特別所得税

平成23年3月11日に発生した東日本大震災の復興施策として、平成25年1月1日から令和19年12月31日までに生ずる所得に対し、復興特別所得税(基準所得税額×2.1％)が特別措置法により課税されています。

❷ 固定資産税・都市計画税

固定資産税・都市計画税は、毎年1月1日現在の所有者に課税される税金で、市区町村から送付される「納税通知書」にしたがい一括または年4回の分割払いで納付します。**不動産取引では、「所有権移転日」において当事者間で「日割清算」します。**

固定資産税の場合、建物については、新築後3年間(長期優良住宅は5年間)、120m²以下の部分の税額が2分の1に減額されます。また、専用住宅用地の場合、固定資産税・都市計画税に関して次のとおり課

税標準の軽減措置があります。

---

❶ 1戸あたり200m²以下の部分（小規模住宅用地）

固定資産税の課税標準 ＝ 評価額 × $\frac{1}{6}$

都市計画税の課税標準 ＝ 評価額 × $\frac{1}{3}$

❷ 200m²を超える部分（一般住宅用地）

固定資産税の課税標準 ＝ 評価額 × $\frac{1}{3}$

都市計画税の課税標準 ＝ 評価額 × $\frac{2}{3}$

固定資産税額 ＝ 課税標準 × 1.4%（標準税率）

都市計画税額 ＝ 課税標準 × 0.3%（制限税率）

※ 課税標準とは固定資産税課税台帳に記載された価格
※ 標準税率、制限税率は各市区町村で決定

覚える!

譲渡所得の特別控除

❶ 800万円特別控除⇒農地保有の合理化などのために土地などを売却

❷ 1,500万円特別控除⇒特定住宅地造成事業などのために土地などを売却

❸ 2,000万円特別控除⇒特定土地区画整理事業などのために土地などを売却

❹ 3,000万円特別控除⇒居住用財産の譲渡に関わる特別控除

❺ 5,000万円特別控除⇒収用などで、土地建物などを売却

［第 10 章］不動産取引と「税金」知識

03 プロとしてこれだけは知っておきたい税金知識

Point

❶ 住宅ローン控除は控除率 0.7% で 13 年間
❷ 3,000 万円特別控除は所有期間を問わない
❸ 買換え特例の利点は譲渡益の課税の繰り延べ

住宅ローン控除は 13 年間で最大 455 万円控除

❶ 住宅ローン控除

　個人が住宅ローンを利用して新築住宅または中古住宅を購入した場合、**居住を開始した年から 13 年間（既存住宅 10 年間）、所得税額から一定額、控除を受けることができます。**

　控除額は、各年の 12 月末日現在での住宅ローン残高の 0.7% となり、所得税から控除しきれなかった分は、翌年分の住民税から最大 9 万 7,500 円を控除できます。**住宅ローン控除は、住宅の増改築の場合も適用**することができます。この場合の要件は既存住宅と同じ取り扱いになります。

　また、住宅ローン控除は、住宅性能によって控除額に大きな差があり、**環境に配慮した省エネ・高性能住宅に関しては、借入限度額の上乗せ措置などが講じられています。**

　適用を受ける家屋の区分による控除額と主な適用要件は次のとおりです。

278

● 住宅ローン控除一覧表　（居住年：2024年）

（控除率）0.7%

		控除期間	借入限度額	最大控除額
(a)	長期優良住宅・低炭素住宅	13年	5,000万円*	455万円*
	ZEH水準省エネ住宅	13年	4,500万円*	409.5万円*
	省エネ基準適合住宅	13年	4,000万円*	364万円*
	一般住宅	13年	3,000万円	273万円
(b)	長期優良住宅・低炭素住宅 ZEH水準・省エネ基準	10年	3,000万円	210万円
	一般住宅	10年	2,000万円	140万円

※子育て世帯（19歳未満の子などを有する世帯）または
　若者夫婦世帯（夫婦のいずれかが40歳未満の世帯）

（a）新築住宅・消費税課税住宅　（b）既存住宅

● 住宅ローン控除一覧表　（居住年：2025年）

（控除率）0.7%

		控除期間	借入限度額	最大控除額
(a)	長期優良住宅・低炭素住宅	13年	4,500万円	409.5万円
	ZEH水準省エネ住宅	13年	3,500万円	318.5万円
	省エネ基準適合住宅	13年	3,000万円	273万円
	一般住宅	10年	2,000万円	140万円
(b)	長期優良住宅・低炭素住宅 ZEH水準・省エネ基準	10年	3,000万円	210万円
	一般住宅	10年	2,000万円	140万円

（a）新築住宅・消費税課税住宅　（b）既存住宅

住宅ローン控除適用要件

❶ 自己居住用の住宅ローンで返済期間が10年以上であること
❷ 取得後6カ月以内に居住を開始すること
❸ 控除適用年の合計所得金額
　　ⓐ 1,000万円以下（床面積40㎡以上50㎡未満）※新築住宅
　　ⓑ 2,000万円以下（床面積50㎡以上）※新築住宅＆既存住宅
❹ 床面積の2分の1以上が適用者の居住用部分である
❺ 耐震基準に適合する住宅である

環境に配慮した省エネ・高性能住宅

❶ **長期優良住宅** ⇒長期にわたり良好な生活ができる住宅として、耐震性、省エネルギー性、バリアフリー性、可変性などの基準を満たし認定を受けたもの
❷ **低炭素住宅** ⇒二酸化炭素の排出を抑えた環境にやさしい住宅。省エネ基準に比べ−10％超の省エネ性能と省エネ基準レベルの断熱性能など有する住宅
❸ **ZEH水準省エネ住宅** ⇒日本住宅性能表示基準における断熱等性能等級5かつ一次エネルギー消費量等級6の性能を有する住宅
❹ **省エネ基準適合住宅** ⇒日本住宅性能表示基準における断熱等性能等級4以上かつ一次エネルギー消費量等級4以上の性能を有する住宅

まめ知識　ZEH（ゼッチ）とは

「Net Zero Enargy House」の頭文字をとった略称。家庭で消費するエネルギーを太陽光発電など「創エネ」によって0（ゼロ）に収支するよう設計された住宅で、「ゼロエネルギー住宅」とも呼ばれます。

❷ 居住用財産の譲渡に関わる3,000万円特別控除

居住用財産を売却した場合、譲渡益から最高3,000万円を控除して税額を計算します。この特別控除は所有期間に関係なく利用できるため、特例の適用要件にあてはまり、譲渡益が3,000万円を超えないかぎりは課税されません。譲渡益が3,000万円を超えるときには、次にお話しする買い換え特例が利用できないかを検討します。

譲渡所得金額 譲渡価格 －（取得費 ＋ 譲渡費用）－ 3,000万円

3,000万円特別控除が適用外となるケース

❶ 3,000万円特別控除を受けることだけを目的に入居したと認められる家屋やその敷地の譲渡

❷ 建替え期間中の仮住まいなど一時的な利用を目的に入居した家屋やその敷地の譲渡

❸ 別荘など主として趣味、娯楽、保養のために所有する家屋やその敷地の譲渡

---

❸ 居住用財産の買い換え特例

所有期間10年超の居住用財産を買い替えた場合、譲渡所得が3,000万円を超える場合でも、買い換え特例を利用することで譲渡した時点での課税は行われず、将来、買い換えた物件を売却するときまで課税を繰り延べることができます。注意すべき点は、**あくまでも課税の繰り延べであり非課税になるわけではないという点**です。また**居住用財産の3,000万円控除との選択適用なので、併用はできない**ということを誤解のないよう買主に説明します。

買い換え特例の主な適用要件は次のとおりです。

買い換え特例の適用要件

❶ 令和7年12月31日までの譲渡であること

❷ 自己の居住用財産の譲渡であること

❸ 譲渡年の1月1日における所有期間が10年超であること

❹ 譲渡する家屋での居住期間が通算して10年以上であること

❺ 売却価格が1億円以下であること

❻ 買い換え資産の居住用部分の登記上の床面積が50m²以上であること

❼ 買い換え資産の敷地面積が500m²以下であること

❽ 買い換え資産が既存の耐火建築物、または非耐火建築物である場合、次のいずれかに該当すること

   ⓐ 取得の日以前25年以内に建築されたものであること

   ⓑ 地震に対する安全基準に適合することが証明されたもの

住宅ローン控除の注意点

❶ 住宅ローンの繰り上げ返済（期間短縮型）の場合、返済期間が10年より短くなると控除が受けられなくなる

❷ 収入合算を行い双方が住宅ローン控除の適用を受ける場合、ペアローンまたは収入合算者が連帯債務者となるタイプを選択することが必要である

❸ 控除額は年末のローン残高か物件価格のいずれか低いほうの金額に控除率を乗じた金額になるので、物件価格を上回る借り入れをしている場合でも物件価格を上限とした計算となる

『子育てエコホーム支援事業』長期優良住宅で100万円!

政府は、2050年までに温室効果ガスの排出をゼロにするという「2050年カーボンニュートラル」実現に向け、脱炭素化、省エネ化に力を入れています。
2022年にスタートした「子育てエコホーム支援事業」もその1つです。

この制度は、子育て世帯、若者夫婦世帯を対象に、高い省エネ性能を有する（a）注文住宅を新築（b）新築分譲住宅を購入した場合、一定の要件を満たす（c）リフォームを行った場合に補助金が交付される制度です。

新築、購入の場合の対象者、住宅の要件、補助額などは次のとおりです。

❶対象者
（a）子育て世帯 ⇒ 申請時点において18歳未満の子※を有する世帯
（b）若者夫婦世帯 ⇒ 申請時点において夫婦のいずれかが39歳以下※である世帯
　※詳細は、国土交通省の公式サイトをご参照ください。

❷主な住宅の要件
（a）所有者自らが居住する住宅である
（b）住戸の床面積が50㎡以上240㎡以下である
（c）土砂災害特別警戒区域または災害危険区域に立地しないもの
（d）未完成または完成から1年以内で居住の用に供したことのないもの
（e）高い省エネ性能を有することが証明書などで確認できる

❸補助額
（a）長期優良住宅 ⇒ 1住戸につき100万円
（b）ZEH水準住宅 ⇒ 1住戸につき80万円

本制度に関する詳細は、国土交通省「子育てエコホーム支援事業」の公式サイトで確認できます。

https://kosodate-ecohome.mlit.go.jp/

付録

● 「登記事項証明書」「登記簿謄本・抄本」交付請求書サンプル

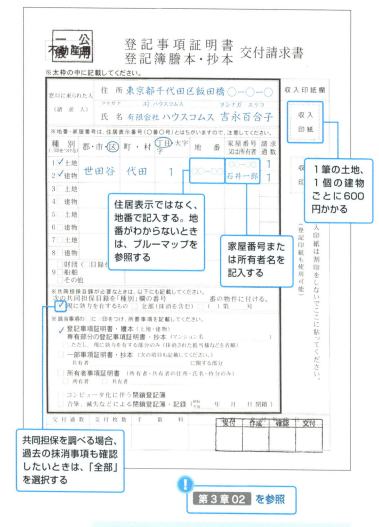

付 録

● 「地図」「地積測量図等」の「証明書」「閲覧」請求書サンプル

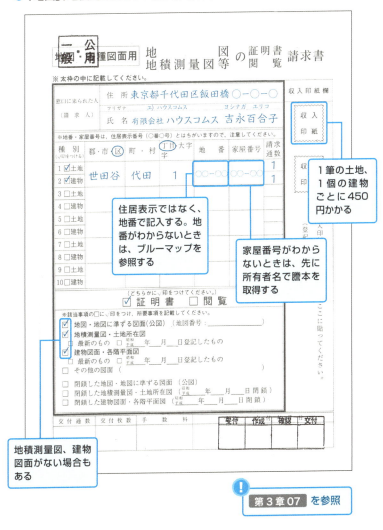

第3章 07 を参照

付 録

● 住宅ローン借入申込書サンプル

会社のホームページ、会社案内などを参考に記入する

雇用契約者の写しを追加書類として要請される場合がある

住民票など公的証明どおりに記入する

認印で可

北紅銀行　住宅ローン借入申込書1／2（保証委託申込書）

お申込種別	1. 事前審査 2. 正式審査（事前審査済） 3. 正式審査（事前審査未済）	関連案件	1. 親子2世代型 2. 夫婦同時申込 3. その他関連ローン

お申込日　令和 02 年 05 月 17 日

| フリガナ（自署必須） | タキザワ　オサム | ご印鑑 | 滝沢 |
| お名前（自署必須） | 姓 滝沢　名 治 | | |

生年月日（自署必須）　4　3. 昭和 4. 平成　2 年 2 月 22 日
性別（自署必須）　1　1. 男 2. 女
年齢（自署必須）　28 歳

〒 000 - 0000　東京 都道府県
自宅電話（左側）　03 - 0000 - 0000
携帯電話　090 - 0000 - 0000

ご住所（自署必須）　中野区中野○丁目○番○号
現住居種類　4　1. 本人持家 4. 親持家　2. 家族持家 5. その他　3. 社宅・寮　居住年数 10 年

| お申込みのご家族構成 | 配偶者 1人 | 子ども 2人 | 婚約者 人 | その他 人 | 申込人との続柄 その他の場合 |
| ご購入物件入居予定 | 1人 | 2人 | 人 | 人 | 入居予定家族のうち収入のある方 1人 ★「収入のある方」には、お申込人ご本人を含みます。 |

当社との預金取引　2　1. あり 2. なし　お取引店 [　　] 支店 営業部
★「当社との預金取引」が「1. あり」の場合は、ご記入ください。

在籍確認がとれる連絡先を記入する

勤務先名	フリガナ カブシキガイシャ　ソーテックス 会社名 株式会社 ソーテックス	勤務先区分 2	1. 個人経営 4. 官公庁 2. 非上場 5. その他 3. 上場	従業員数 50 人
所属部署	営業部	役職区分 4	1. 会社役員・個人事業主 4. 社員 7. その他 2. 会社員 5. 派遣社員 3. 社員（管理職） 6. 契約社員 [　　]	
職種・事業内容	職種（営業、企画、経理など） 営業 事業内容 商社	入社年月開業年月 4	3. 昭和 4. 平成 24 年 4 月	

〒 000 - 0000　東京 都道府県
勤務先電話番号（左側）　03 - 0000 - 0000

勤務先住所　千代田区飯田橋○丁目○番○号
購入（所有）物件からの通勤時間 2　1. 30分以内 4. 120分以内 2. 60分以内 5. 120分超 3. 90分以内
★ご勤務先への在籍確認のため、「勤務先電話番号」にご連絡する場合があります。

前年給与収入	金額 600 万円	お借入状況	お借入先 （K）カード	お借入残高 100 万円	年間返済額 24 万円
前年事業所得	万円			万円	万円
前年家賃収入	万円			万円	万円

償還予定表で確認し記入する

資金使途 02　01. 土地付住宅（新築） 04. マンション（新築） 07. 住宅新築（借地） 10. 借りかえ
02. 土地付住宅（中古） 05. マンション（中古） 08. 住宅増改築（土地所有）
03. 土地付住宅（土地先行） 06. 住宅新築 09. 住宅増改築（借地）

購入理由 2　1. 住宅がない 4. 世帯を分ける（3以内） 7. 立退要求
2. 住宅が狭い 5. 環境が悪い 8. 通動・通学に不便
3. 結婚 6. 家賃が高い 9. その他

居住目的 1　1. ご本人さまが居住する 2. ご家族さまが居住する（ご本人さまは居住しない）
★正式審査をお受けいただいた場合にのみ査定いたします。また、ローン審査の結果により見積・申込に応じられない場合があります。

所在地	東京 都道府県 世田谷区代田 1丁目	土地面積 160.00 m²	店舗併用 2 1. あり 2. なし	
登記簿地番・住居表示	登記簿地番 ○-○ 住居表示 ○-○	建物面積 専有面積 80.00 m²	建物構造 1 1. 木造 2. 軽量鉄骨 3. 重量鉄骨 4. 鉄筋コンクリート	
マンション名・部屋番号		建物築年月（予定）4 3. 昭和 4. 平成 27 年 7 月		

購入理由は非常に重要！ 担当者に詳細に説明する

登記簿謄本どおりに記入する

健康保険証の資格取得日を参考に記載する。試用期間が長く実際の入社年月日と資格取得日に間がある場合は、ローン担当者に相談する

源泉徴収票・住民税決定通知書で確認する

キリトリ線

286

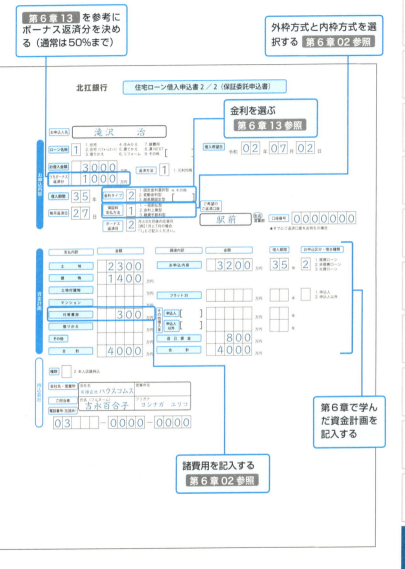

知りたいことが全部わかる！　不動産の教科書

| 2018 年 6 月 30 日 | 初版第 1 刷発行 |
| 2024 年 12 月 31 日 | 初版第 16 刷発行 |

著　者　池田浩一

発行人　柳澤淳一

編集人　久保田賢二

発行所　株式会社　ソーテック社

〒 102-0072 東京都千代田区飯田橋 4-9-5　スギタビル 4F
電話：注文専用　03-3262-5320
FAX：　　　　　03-3262-5326

印刷所　TOPPAN クロレ株式会社

本書の全部または一部を、株式会社ソーテック社および著者の承諾を得ずに無断で
複写（コピー）することは、著作権法上での例外を除き禁じられています。
製本には十分注意をしておりますが、万一、乱丁・落丁などの不良品がございまし
たら「販売部」宛にお送りください。送料は小社負担にてお取り替えいたします。

©KOICHI IKEDA 2018, Printed in Japan
ISBN978-4-8007-2056-6